BEI GRIN MACHT SICH IHR WISSEN BEZAHLT

- Wir veröffentlichen Ihre Hausarbeit, Bachelor- und Masterarbeit

- Ihr eigenes eBook und Buch - weltweit in allen wichtigen Shops

- Verdienen Sie an jedem Verkauf

Jetzt bei www.GRIN.com hochladen und kostenlos publizieren

Bibliografische Information der Deutschen Nationalbibliothek:

Die Deutsche Bibliothek verzeichnet diese Publikation in der Deutschen Nationalbibliografie; detaillierte bibliografische Daten sind im Internet über http://dnb.d-nb.de/ abrufbar.

Dieses Werk sowie alle darin enthaltenen einzelnen Beiträge und Abbildungen sind urheberrechtlich geschützt. Jede Verwertung, die nicht ausdrücklich vom Urheberrechtsschutz zugelassen ist, bedarf der vorherigen Zustimmung des Verlages. Das gilt insbesondere für Vervielfältigungen, Bearbeitungen, Übersetzungen, Mikroverfilmungen, Auswertungen durch Datenbanken und für die Einspeicherung und Verarbeitung in elektronische Systeme. Alle Rechte, auch die des auszugsweisen Nachdrucks, der fotomechanischen Wiedergabe (einschließlich Mikrokopie) sowie der Auswertung durch Datenbanken oder ähnliche Einrichtungen, vorbehalten.

Impressum:

Copyright © 2014 GRIN Verlag, Open Publishing GmbH
Druck und Bindung: Books on Demand GmbH, Norderstedt Germany
ISBN: 978-3-668-05524-7

Dieses Buch bei GRIN:

http://www.grin.com/de/e-book/307298/geschlechtsspezifische-unterrichtsstoerungen-phaenomene-ursachen-paedagogische

Tanja Burykina

Geschlechtsspezifische Unterrichtsstörungen. Phänomene, Ursachen, pädagogische Relevanz

GRIN Verlag

GRIN - Your knowledge has value

Der GRIN Verlag publiziert seit 1998 wissenschaftliche Arbeiten von Studenten, Hochschullehrern und anderen Akademikern als eBook und gedrucktes Buch. Die Verlagswebsite www.grin.com ist die ideale Plattform zur Veröffentlichung von Hausarbeiten, Abschlussarbeiten, wissenschaftlichen Aufsätzen, Dissertationen und Fachbüchern.

Besuchen Sie uns im Internet:

http://www.grin.com/

http://www.facebook.com/grincom

http://www.twitter.com/grin_com

Universität Hamburg
Masterarbeit im Studiengang Lehramt der Primar- und Sekundarstufe I
Eingereicht im Fach Erziehungswissenschaften

Geschlechtsspezifische Unterrichtsstörungen:

Phänomene, Ursachen, pädagogische Relevanz

Eingereicht von Tanja Burykina

Abgabedatum: 09.01.2014

Abstract

Lehrerinnen und Lehrer sind in ihrem Arbeitsalltag immer wieder mit Unterrichtsstörungen konfrontiert, der Umgang mit ihnen macht somit einen wichtigen Teil der pädagogischen Arbeit aus. Diverse Studienergebnisse zeigen dabei, dass es sowohl qualitative als auch quantitative Unterschiede im Störverhalten von Mädchen und Jungen gibt. Die vorliegende Arbeit widmet sich daher der Frage, inwiefern sich die jeweiligen sogenannten geschlechtsspezifischen Unterrichtsstörungen voneinander unterscheiden und wie das unterschiedliche Verhalten von Jungen und Mädchen aus soziologischer und sozialpsychologischer Sicht zu erklären ist. Ziel ist es einerseits zu klären, wie Geschlecht in unserer Gesellschaft konstruiert wird und wie Geschlechterrollen sozial reproduziert werden. Anderseits soll geklärt werden, inwiefern diese geschlechtlichen Sozialisationsprozesse auch in der Schule stattfinden, wie Lehrkräfte daran mitwirken (doing gender) und wie Mädchen und Jungen ihr Geschlecht selbst inszenieren. Hierzu werden zunächst verschiedene gängige Sozialisationstheorien vorgestellt und diskutiert, um diese dann auf die Erkenntnisse über Störverhalten von männlichen und weiblichen Schüler_innen anzuwenden. Anschließend wird die Rolle der Lehrperson konkreter besprochen, sowie die Auswirkungen von Rollenverhalten für Mädchen und Jungen dargestellt.Es zeigt sich somit, dass Geschlecht auch in der Schule allgegenwärtig ist und bei vielen Interaktionen eine große Rolle spielt. Eine Schlussfolgerung ist, dass es auch beim Umgang mit Unterrichtsstörungen nicht genügt, die in der Fachliteratur empfohlenen allgemeinen Techniken der Reaktion und Prävention zu beherrschen. Vielmehr müssen Lehrkräfte auch Genderkompetenz mitbringen, um bestimmte Störsituationen analysieren, bewerten und adäquat auf diese regieren zu können.

Teachers are consistently facing classroom disturbances in their everyday work, dealing with them thus makes an important part of the educational work. Various study results show that there are both qualitative and quantitative differences in the disruptive behavior of girls and boys. The present paper therefore addresses the question to what extent these so-called gender classroom disturbances differ from each other and how the different behavior of boys and girls can be explained from a sociological and social-psychological point of view. On the one hand, the aim is to clarify both how gender is constructed in our society and how gender roles are socially reproduced. On the other hand, it is to be clarified how these gender socialization processes also take place in school, how teachers contribute to them (doing gender) and how girls and boys stage their own gender. For this purpose, first a number of common socialization theories are presented and discussed in order to then apply those to the findings on disruptive behavior of male and female students. Subsequently, the role of the teacher is discussed in more concrete terms, and effects of role behavior of girls and boys are shown. It therefore appears that gender is also omnipresent in school and that it plays a major role in many interactions. One conclusion is that, when dealing with classroom disturbances, is is not enough to have mastery of the general techniques of reaction and prevention often recommended in specialised literature. Rather, teachers also need gender competence in order to be able to analyse certain instances of classroom disturbances, to assess those and to respond adequately.

Inhaltsverzeichnis

1. Einleitung...1
2. Sozialisation und Geschlecht..3
   2.1 sex und gender..3
   2.2 Sozialisationstheorien...3
      2.2.1 Lerntheoretische Erklärungsansätze...3
         2.2.1.1 Bekräftigungstheorie..4
         2.2.1.2 Imitationstheorie...5
      2.2.2 Kognitiver Erklärungsansatz...7
      2.2.3 Sozialpsychologischer Erklärungsansatz..................................10
      2.2.4 Zwischenfazit..11
   2.3 doing gender...12
      2.3.1 Inszenierung von Männlichkeit...14
      2.3.2 Inszenierung von Weiblichkeit...16
   2.4 Mediale Einflüsse...18
   2.5 Geschlechterrollen..20
   2.6 Geschlechterstereotype...23
3. Mädchen, Jungen, Unterrichtsstörungen..28
   3.1 Unterrichtsstörungen und Disziplinkonflikte.................................28
   3.2 Repräsentation in Fallbeispielen..32
   3.3 Unterrichtsstörungen durch Jungen..33
   3.4 Unterrichtsstörungen durch Mädchen..36
   3.5 Schlussfolgerungen..37
4. Die Rolle der Lehrperson..41
   4.1 Aufmerksamkeitsverteilung...41
   4.2 gendering Prozesse...43
   4.3 Geschlecht der Lehrperson...51
5. Folgen...54
   5.1 Selbstkonzepte..54
   5.2 Schulische Leistungen..55

6. Genderkompetenz als Handlungsperspektive 57
    6.1 Was ist Genderkompetenz? 58
    6.2 Elemente von Genderkompetenz 59
    6.3 Genderkompetenz und Unterrichtsstörungen 61

7. Fazit 65

Literaturverzeichnis 67

Internetquellen 75

Tabellenverzeichnis 77

1. Einleitung

Die vorliegende Masterarbeit greift zwei wichtige Aspekte der pädagogischen Arbeit auf und setzt sich intensiv mit diesen auseinander. Zum einen wird das Thema Unterrichtsstörungen behandelt. Diese gehören stets zum Schulalltag dazu, schließlich ist „störungsfreier Unterricht (…) eine didaktische Fiktion"[1]. Gleichzeitig kommt der Genderaspekt ins Spiel, denn bei der Durchsicht von Literatur und Studien zu Unterrichtsstörungen fällt immer wieder auf, dass es Unterschiede im Störverhalten von Mädchen und Jungen zu geben scheint. Da auch Geschlecht als soziale Kategorie in der Schule eine erhebliche Rolle spielt, Geschlechtergerechtigkeit zunehmend als Anspruch formuliert wird und die Auseinandersetzung mit gender immer mehr an Aktualität gewinnt, erscheint es sinnvoll, diesen Sachverhalt näher zu untersuchen.

Diese Arbeit richtet sich daher vor allem an Lehramtsstudierende und Lehrer_innen und soll dabei helfen, Unterrichtsstörungen auch aus einem Gender-Blickwinkel zu betrachten.

Hauptanliegen dieser Masterarbeit war es, die Frage zu beantworten, wie genau sich das Störverhalten von Jungen und Mädchen unterscheiden kann und wie diese Verhaltensunterschiede zu erklären sind. Zudem sollte eine Antwort auf die Frage nach Handlungsmöglichkeiten für Lehrerinnen und Lehrer gegeben werden.

Hierzu wird im ersten Kapitel des Hauptteils zunächst auf sozialisationsbedingte Ursachen von Geschlechtsspezifika eingegangen. Dabei werden zum einen die Begriffe „sex" und „gender" definiert, weiterhin werden gängige Sozialisationstheorien vorgestellt und diskutiert. Auch wird der Begriff „doing gender" aufgeschlüsselt und Geschlechterinszenierungen an Beispielen verdeutlicht. Zudem folgt eine Auseinandersetzung mit Geschlechterrollen und Geschlechterstereotypen. Kapitel zwei beschäftigt sich mit Unterrichtsstörungen von Jungen und Mädchen. Es wird zunächst definiert, was unter einer Unterrichtsstörung zu verstehen ist, anschließend werden Fallbeispiele für geschlechtsspezifische Störungen aus der Fachliteratur angebracht und das jeweilige Störverhalten von Jungen und Mädchen beschrieben. Im Anschluss daran wird vor dem theoretischen Hintergrund aus dem ersten Kapitel ein kurzes Zwischenfazit gezogen. Im nächsten Kapitel (Kap. 3) wird auf die Rolle von Lehrer_innen im Zusammenhang mit Unterrichtsstörungen und Geschlecht eingegangen. Hier wird auch besprochen, welche Relevanz und Auswirkungen das

---
1 Lohmann 2003, S.13.

Geschlecht der Lehrperson im Unterricht haben kann. Im anschließenden Kapitel werden mögliche Folgen von geschlechtsspezifischen Unterrichtsstörung für Schülerinnen und Schüler dargestellt. Der Hauptteil schließt mit einem Kapitel über Genderkompetenz sowie deren Relevanz für das pädagogische Handeln, insbesondere für den Umgang mit Unterrichtsstörungen von Jungen und Mädchen. Als Abschluss der Arbeit wird im Anschluss ein Fazit gezogen und ein Ausblick für mögliche Forschungsansätze gegeben.

Anzumerken ist, dass im Kontext dieser Arbeit Geschlechterunterschiede nicht als naturhaft, sondern als sozial konstruiert und kulturell bedingt betrachtet werden. Somit wird auch nicht auf biologische Erklärungsansätze für Verhaltensunterschiede von Männern und Frauen bzw. Jungen und Mädchen eingegangen. Um den Rahmen der vorliegenden Arbeit nicht zu sprengen, werden auch die allgemeinen Methoden zum Umgang mit Unterrichtsstörungen – etwa Strategien zur Prävention von und Reaktion auf Störungen – nicht dargestellt. Da Unterrichtsstörungen wie auch durch Geschlecht geprägtes Verhalten zudem in allen Schulformen und -stufen zu beobachten sind, ist im Folgenden, wenn von Kindern bzw. Jugendlichen die Rede ist, keine spezielle Altersgruppe gemeint.

2. Sozialisation und Geschlecht

2.1 sex und gender

Da der Begriff „Geschlecht" in der deutschen Sprache semantisch uneindeutig ist, hat sich auch im Deutschen die Verwendung der englischen Begriffe *sex* und *gender* etabliert, um eine Differenzierung zwischen biologischem und sozialem Geschlecht zu kennzeichnen. *Sex* meint dabei das rein biologische Geschlecht, welches durch Geschlechtsorgane, Hormone und Chromosomen definiert wird. Der Begriff *gender* meint das kulturell-sozial konstruierte Geschlecht, also beispielsweise geschlechtsspezifische Verhaltensweisen und Präferenzen. Gender bezeichnet also die in einer Gesellschaft „sozial auferlegte Dichotomie von maskulinen und femininen Rollen und Charaktereigenschaften".[2]

Biologistische Erklärungen von Geschlechterrollen und -normen scheitern an Tatsachen wie denen, dass Frauen- und Männerrollen in unterschiedlichen Kulturen stark variieren, gender wiederum kann als Folge von Funktionsweisen einer Gesellschaft betrachtet werden. Der Unterscheidung zwischen den beiden Begriffen liegt die Idee zugrunde, dass „Geschlechtsrollen sich nicht primär aus biologischen Tatsachen (Körperdifferenzen) ableiten lassen, sondern historische, kulturelle und soziale Konstruktionen sind"[3].

Da das biologische Geschlecht nicht zum Gegenstand dieser Arbeit gemacht werden soll, ist im Folgenden stets das soziale Geschlecht, also gender, gemeint, wenn lediglich der Begriff „Geschlecht" verwendet wird.

2.2 Sozialisationstheorien

2.2.1 Lerntheoretische Erklärungsansätze

Aus lerntheoretischer Perspektive wird angenommen, dass das Erlernen geschlechtstypischer Verhaltensweisen auf gleiche Art und Weise erfolgt, wie das Erlernen jedes anderen Verhaltens. Typisch „männliches" beziehungsweise „weibliches" Verhalten werde dabei einerseits durch *direkte Bekräftigung* erlernt, andererseits erfolge ein *Lernen am Modell*[4].

---

[2] Frey 2003 S. 26, zitiert nach Rendtorff 2006, S.99.
[3] Dietzen 1993, S.12.
[4] vgl. Aktionsrat Bildung 2009, S.47.

2.2.1.1 Bekräftigungstheorie

Die Bekräftigungstheorie[5] stützt sich auf B.F. Skinners Erkenntnisse zur operanten Konditionierung, also dem Lernen durch Belohnungen bzw. Bestrafungen.[6] Die Theorie geht davon aus, dass die in einer Gesellschaft vorherrschenden Geschlechterrollen und -stereotype einen großen Einfluss auf das Erziehungsverhalten von Eltern und anderen Bezugspersonen haben.

Die Grundannahme der Bekräftigungstheorie ist:

> „daß geschlechtsspezifisches Verhalten dadurch zustande kommt, daß Jungen und Mädchen schon im Kleinkindalter für Verhaltensweisen, die ihrem Geschlecht angemessen sind, bekräftigt werden, d.h. Lob, Zustimmung, Anerkennung oder Belohnung erhalten."[7]

Die Theorie geht dabei von drei aufeinander aufbauenden Hypothesen aus.[8] Die *Hypothese differentieller Erwartungen* meint, dass seitens der Eltern und anderer Interaktionspartner_innen von Jungen und Mädchen schon von früh auf unterschiedliches Verhalten erwartet wird. Obwohl sich Eltern in der letzten Zeit immer mehr davon abwenden, ihre Kinder den gängigen Rollenklischees entsprechend zu erziehen, spiegeln sich die geschlechtsrollenspezifischen Erwartungshaltungen doch beispielsweise in Kleidung (Mädchen tragen rosa, Jungen hellblau), Spielsachen (Mädchen bekommen Malstifte, Puppen, Bastelutensilien, Jungen bekommen Autos, Konstruktionsspiele, Experimentierkästen) oder Büchern, mit denen Eltern ihre Kinder ausstatten, wider.[9] Auch ist belegt, dass Eltern von ihren Söhnen eher Eigenschaften wie Leistungsorientierung, Durchsetzungsfähigkeit und Wettbewerbsverhalten erwarten, während von Töchtern eher Sauberkeit, Ordentlichkeit und Angepasstheit erwartet wird.[10]

Die *Hypothese differentieller Bekräftigung* besagt, dass Jungen und Mädchen diesen Erwartungen entsprechend bestärkt werden. Jungen erfahren diese Bekräftigung laut Matzner und Tischner,

> „wenn sie keine Schwäche zeigen, hart gegen sich selbst und andere sind, wenn sie sich gegen andere behaupten und wehren und ihren Kopf durchsetzen, wenn sie etwas wollen. Aggressives Verhalten wird bei ihnen geduldet, zuweilen sogar verstärkt."[11]

---

5 vgl. Trautner 1979.
6 vgl. Straka/Macke 2006, S.57ff.
7 Kasten 1995, S.4 (online).
8 vgl. Asendorpf 2012, S.411.
9 Kasten 1995, S.4 (online).
10 vgl. ebd. S.5.
11 Matzner/Tischner 2012, S.67.

Mädchen hingegen werden in der Regel dann bekräftigt, „wenn sie brav und folgsam sind und sich ‚mädchenhaft', z.B. also gesittet und ordentlich, anschmiegsam und gefühlsbetont verhalten".[12] Verhaltensweisen, die als unangemessen und geschlechtsuntypisch gelten, werden dabei bestenfalls ignoriert, in der Regel jedoch durch Missbilligung, Kritik oder Liebesentzug negativ sanktioniert.[13]

Die *Hypothese differentieller Bekräftigungseffekte* geht davon aus, dass die je nach Geschlecht des Kindes unterschiedlichen Erwartungen und Bekräftigungen beziehungsweise Bestrafungen von Verhaltensweisen Jungen und Mädchen jeweils unterschiedlich beeinflussen. So lernen die Kinder nach und nach, sich entsprechend den Erwartungen an das eigene Geschlecht zu verhalten.[14]

Die Gültigkeit der Bekräftigungstheorie scheint allerdings nicht klar erwiesen zu sein. So weist Asendorpf zwar darauf hin, dass durch Metaanalysen bestätigt wurde, dass Eltern ihre Kinder tatsächlich im Sinne des Geschlechtsstereotyps differentiell bekräftigen, allerdings sei bislang nicht bestätigt, dass es einen kausalen Zusammenhang zwischen dem Bekräftigungsverhalten und dem geschlechtstypisierten Verhalten der Mädchen und Jungen gibt.[15] Grund dafür sei, dass es schwierig ist, diese Kausalität wissenschaftlich exakt nachzuweisen, da bei den entsprechenden Untersuchungen bislang lediglich Eltern zu ihrem Verhalten ihren Kindern gegenüber befragt wurden, es für eindeutige Ergebnisse allerdings vonnöten wäre, Eltern und Kinder in ihrem natürlichen Umfeld über lange Zeiträume hinweg zu beobachten.[16] Da sich zudem alle bislang zu dem Thema durchgeführten Untersuchungen auf die Befragung von Müttern aus der Ober- und Mittelschicht beschränkten[17], bedarf es einer Längsschnittstudie, bei der beide Elternteile aus Familien aller Gesellschaftsklassen befragt werden.

2.2.1.2 Imitationstheorie

Die Imitationstheorie oder soziale Lerntheorie geht auf die lernpsychologische Theorie des *Lernen am Modell* nach Bandura (1971) zurück. Sie geht davon aus, dass geschlechtstypisiertes Verhalten dadurch erworben wird, dass „Jungen und Mädchen [...] gleichgeschlechtliche Modelle beobachten und deren geschlechtsangemessenes

---
12 Kasten 1995, S.4 (online).
13 vgl. ebd.
14 vgl. Matzner/Tischner 2012, s.67.
15 vgl. Asendorpf 2009, S.168.
16 vgl. Kasten 1995, S.5f (online)
17 vgl. ebd. S.6.

Verhalten nachahmen und übernehmen"[18]. Diese Modelle können dabei sowohl Erwachsene wie Eltern oder Lehrpersonen, Gleichaltrige, als auch literarische oder mediale Figuren sein.[19] Hierbei spielt es – wie auch bei der Bekräftigungstheorie – eine Rolle, ob das am Modell beobachtete Verhalten von anderen belohnt oder bestraft wird. so wird durch Beobachtung und Nachahmung erlerntes geschlechtstypisiertes Verhalten nur dann gezeigt, „wenn das Modell für sein Verhalten positive Konsequenzen erfahren hat"[20]. Man spricht in diesem Fall von „stellvertretender Bekräftigung"[21].

Nach Trautner lassen sich für die Imitationstheorie ebenfalls drei Hypothesen aufstellen. Die erste Hypothese, die *Hypothese differentieller Beobachtungshäufigkeit*, meint, dass Jungen und Mädchen häufiger die Gelegenheit haben, gleichgeschlechtliche Modelle zu beobachten. Die *Hypothese selektiver Nachahmung* besagt, dass Kinder von sich aus eher gleichgeschlechtliche Modelle imitieren. Die dritte *Hypothese der Elternidentifikation* sagt aus, dass Mädchen und Jungen in ihrer Kindheit bevorzugt das gleichgeschlechtliche Elternteil nachahmen.[22]

Allerdings muss man einwerfen, dass Kinder in heutigen industrialisierten Gesellschaften die gleichen Chancen haben, sowohl gegen- als auch gleichgeschlechtliche Modelle zu beobachten.[23] Auch würden Jungen, die durch den hohen Anteil an Erzieherinnen und Lehrerinnen vor allem in ihrer Kindheit überwiegend mit weiblichen Modellen konfrontiert sind, laut der Imitationstheorie weibliches Verhalten erlernen, was in der Realität nicht der Fall ist. Vielmehr sind Jungen früher als Mädchen in ihren Geschlechterrollen gefestigt.[24] Geschlechtstypische Interessen und Verhaltensweisen scheinen also schon festgelegt zu sein, bevor Kinder Modellverhalten einordnen und nachahmen können. Für die Auswahl und Nachahmung von Verhaltensmodellen müssen sich Jungen und Mädchen zunächst ihrer eigenen Geschlechtsidentität bewusst geworden sein.[25]

Auch die Hypothese, dass Jungen eher ihre Väter und Mädchen eher ihre Mütter nachahmen, kann nicht bestätigt werden. Vielmehr zeigte sich, dass Kinder Verhaltensweisen beider Elternteile übernehmen.[26]

Die Ausbildung geschlechtstypisierten Verhaltens kann durch die Imitationstheorie also nicht hinreichend erklärt werden. Allerdings weißt Kasten darauf hin, dass sie durchaus

---

18 Kasten 1995, S.6 (online).
19 vgl. Trautner 2008, S.669.
20 Aktionsrat Bildung 2009, S. 47.
21 vgl. ebd.
22 vgl. Trautner 2008 s.646.
23 Kasten 1995, S.7 (online)
24 vgl. ebd.
25 vgl Kasten 1995, S.7 (online).
26 vgl. ebd.

nützlich sein kann, wenn man sie in Verbindung mit anderen theoretischen Erklärungsansätzen begreift und ihren Geltungsanspruch auf bestimme Altersphasen verlagert.[27]

2.2.2 Kognitiver Erklärungsansatz

Die kognitive Theorie der Geschlechtsrollenentwicklung nach Kohlberg (1966) stützt sich auf die allgemeine kognitive Theorie des Entwicklungspsychologen Jean Piaget. Dieser ging davon aus, dass die kognitive Entwicklung des Kindes stufenweise abläuft, jedes Kind also aufeinander aufbauende Entwicklungsstadien durchläuft.[28] In Piagets Theorie kommt dem sozialen Umfeld nur eine untergeordnete Rolle zu, während das Kind selbst im Fokus steht. So setzt sich dieses aktiv mit seiner Umwelt auseinander und erwirbt auf diese Weise Wissen, das es auf sich und andere anwenden kann[29]. Es ist hierbei also nicht die Bekräftigung oder Imitation von Verhaltensweisen, die zur Geschlechtstypisierung führen, sondern die eigene kognitive Leistung des Kindes.

Speziell geht Kohlberg davon aus, dass kognitive Konzepte über Geschlecht einen Einfluss auf Vorlieben und Verhaltensweisen haben. So erfahren Kinder schon früh, dass die soziale Kategorie „Geschlecht" bedeutsam für das Verstehen der eigenen Umwelt ist und seien daran interessiert, diese Kategorie mit Wissen darüber zu füllen, was „Geschlecht" bedeutet.[30] Sie erwerben so kognitive Konzepte über die Kategorien „weiblich" und „männlich", indem sie „in der frühen Kindheit (…) auf äußere Erscheinungsmerkmale, wie Körperbau, Kleidung, Haartracht, Stimme usw., später dann auch auf Verhaltensweisen, Beschäftigungsvorlieben, Einstellungen und Haltungen als Anhaltspunkte (zurückgreifen)"[31].

Das Kind durchläuft nach Kohlberg fünf aufeinander aufbauende, invariante Entwicklungsstufen im Prozess der Geschlechtsrollenübernahme.[32]

Der erste Schritt ist die *Bestimmung des eigenen Geschlechts*. Das Kind entwickelt also eine Geschlechtsidentität und weiß, dass es ein Junge oder ein Mädchen ist. Dies geschehe im Alter zwischen zwei und drei Jahren. Es ist sich zu diesem Zeitpunkt allerdings noch nicht der Endgültigkeit der Geschlechterzugehörigkeit bewusst.[33] Etwa ein Jahr später, im zweiten Schritt - der *Bestimmung des Geschlechts bei anderen* -,

---

27 vgl. vgl Kasten 1995, S.8. (online)
28 vgl. Lohaus et. al. 2010, S.105.
29 vl. Kasten 1995, S.9 (online).
30 vgl. Aktionsrat Bildung 2009, S.48.
31 Kasten 1995, S.9 (online).
32 vgl. Bischof-Köhler 2006, S.67f.
33 vgl. Kasten 1995, S.9 (online).

begreift das Kind, dass es Mädchen und Jungen, Männer und Frauen gibt. Hiermit gehe auch eine vorläufige Festigung der Geschlechtsidentität einher. Das Kind weiß nun also, dass es zu den Mädchen oder Jungen gehört und dass aus Mädchen Frauen, aus Jungen Männer werden.[34] Im dritten Schritt beginnt es, eine Verbindung zwischen bestimmten Verhaltensweisen und der Geschlechterzugehörigkeit bei anderen festzustellen. Das Kind entdeckt beispielsweise, dass Mädchen und Jungen mit unterschiedlichen Spielsachen spielen und Männer und Frauen unterschiedlichen Tätigkeiten nachgehen. Daraus entwickeln sich ein erstes *Stereotypenwissen*. Dies geschieht ab einem Alter von etwa fünf Jahren.[35]

Im vierten Schritt erfolgt eine positive Bewertung der eigenen Geschlechtszugehörigkeit und eine *Bevorzugung des eigenen Geschlechts*, während das andere Geschlecht abgewertet wird. Auf Grundlage des Stereotypenwissen gewinnt die Geschlechtszugehörigkeit für das Handeln des Kindes an immer größerer Bedeutung. So bevorzugt es je nach seinem Geschlecht typisch „weibliche" bzw. „männliche" Spielsachen und Spiele und sucht sich gleichgeschlechtliche Spielkamerad_innen. Auch werde das Handeln des Kindes davon beeinflusst, inwieweit es dieses als geschlechtsangemessen ansieht.[36] Die Entwicklung ist allerdings erst dann abgeschlossen, wenn das Kind sich der eigenen *Geschlechtskonstanz* bewusst wird. Dies geschehe im Alter zwischen sechs und acht Jahren und wird von Kohlberg auch als „Herausbildung der Invarianz der eigenen Geschlechtszugehörigkeit"[37] bezeichnet. Hiermit ist gemeint, dass das Kind begreift, dass weder zeitliche noch äußerliche Veränderungen etwas an der eigenen Geschlechtszugehörigkeit ändern können. Es identifiziert sich mit dem gleichgeschlechtlichen Elternteil und ahmt dessen geschlechtsrollenspezifisches Verhalten nach. Allerdings ist dies in diesem Zusammenhang nicht im Sinne der Imitationstheorie zu verstehen:

> „Das Kind zeigt geschlechtstypisiertes Verhalten und imitiert gleichgeschlechtliche Modelle demnach nicht, wie in der Lerntheorie angenommen, weil es dafür von anderen belohnt wird, sondern weil es auf diese Weise seine eigene Geschlechtsidentität etablieren und bestätigen kann."[38]

Das Stereotypenwissen wird verbindlich auf das eigene Verhalten angewandt, obwohl das Kind auch Wissen über gegengeschlechtliche Verhaltensweisen hat und diese auch ausüben könnte, diese werden nun allerdings als minderwertig angesehen. Die

---
34 vgl Kasten 1995, S.9 (online).
35 Powlishta et al. 1994, zitiert nach Aktionsrat Bildung 2009, S.48.
36 vgl. Aktionsrat Bildung 2009, S.48.
37 vgl Kasten 1995, S.10 (online).
38 Aktionsrat Bildung 2009, S.48.

Geschlechtsidentität ist somit gefestigt.[39]

Kohlbergs Theorie der Geschlechtsrollenentwicklung konnte bislang nur teilweise bestätigt werden. Es wurde beispielsweise nachgewiesen, dass die Intelligenz des Kindes sich durchaus auf den Prozess der Geschlechtstypisierung auswirkt. Besonders intelligente Kinder können bereits früher als ihre durchschnittlich intelligenten Altersgenossen geschlechtstypische Verhaltensweisen und Merkmale erkennen und unterscheiden.[40] Dies spräche dafür, dass die Geschlechtstypisierung tatsächlich eine primär kognitive Leistung ist. Allerdings zeigte sich auch, dass es vor allem die hochintelligenten Kinder sind, die sich früher von Geschlechtsrollenklischees und Stereotypen befreien und zuweilen sogar im Jugend- und Erwachsenenalter die eigene Geschlechterrolle negativ bewerten, da sie sich kritisch mit der eigenen Geschlechtszugehörigkeit auseinander setzen.[41] Dies widerspricht der Annahme der zwangsläufigen und durchgängigen Höherbewertung des eigenen Geschlechts.

Ein weiterer Widerspruch zu Kohlbergs Theorie zeigt sich darin, dass nicht nur die kognitive Leistungsfähigkeit, sondern auch der sozioökonomische Hintergrund eines Kindes relevant für die Entwicklung von Geschlechterrollen ist. So weißt Kasten darauf hin, dass „Kinder gleicher Intelligenz und gleichen kognitiven Entwicklungsstandes eine stärkere Typisierung in ihrem geschlechtsspezifischen Verhalten zeigen, wenn sie der sozialen Unterschicht angehören".[42] Dies hinge damit zusammen, dass diese Kinder häufiger in Familien groß werden, in denen traditionelle Geschlechterrollen seitens der Eltern eher erwartet und verstärkt werden, während Kinder aus der Mittel- und Oberschicht eher in ihrem selbstständigem Denken und kritischen Urteilsvermögen gefördert werden.[43]

Kohlbergs Theorie kann sicherlich ebenfalls nicht vollständig erklären, wie es zur Übernahme von Geschlechterrollen kommt, allerdings macht sie darauf aufmerksam, dass es sich bei der Geschlechtstypisierung um einen Prozess handelt, der nicht nur extern ausgelöst wird, sondern bei dem das Kind eine zentrale Rolle spielt. Es sei somit „ein großer Verdienst der kognitiven Entwicklungstheorie, den aktiven Part des Kindes in der Geschlechtstypisierung zu betonen".[44]

---

39 vgl. Bischof-Köhler 2006,S.67f.
40 vgl. Kasten 1995, S.10 (online).
41 vgl ebd. S.10f.
42 Kasten1995, S. 11 (online).
43 vgl ebd.
44 Aktionsrat Bildung 2009, S.48

2.2.3 Sozialpsychologischer Erklärungsansatz

Aus sozialpsychologischer Perspektive wird die Konstruktion von Geschlecht im sozialen Kontext untersucht. Hierbei wird davon ausgegangen, dass gesellschaftlich vorherrschende Geschlechtsstereotype einen wesentlichen Einfluss auf die Entwicklung von Geschlechterrollen haben. Dies Stereotype tragen dazu bei, dass Geschlechterunterschiede erzeugt und aufrechterhalten werden, indem sie nicht nur auf Gruppen männlicher bzw. weiblicher Personen, sondern auch auf Individuen angewandt werden.[45] Infolgedessen tendieren Individuen dazu, sich im Sinne der an sie herangetragenen Erwartungen zu verhalten. Wenn also „die (nicht explizit genannten) Erwartungen einer Person eine andere Person bewegen, sich in einer Weise zu verhalten, die den anfänglichen Erwartungen der ersten Person entspricht"[46], so spricht man von einer *self-fulfilling prophecy* oder dem auf Deutsch dem *behavioralen Erwartungseffekt*. Dieser Effekt wurde auch in einem Experiment von Skrypnek und Snyder (1982) nachgewiesen. Hier zeigte sich zum Beispiel, dass Frauen in gemeinsamen Projekten eher stereotyp „weibliche" Aufgaben auswählen, wenn sie meinen, dass ihr männlicher Interaktionspartner dies von ihnen erwartet.[47] Skrypnek und Snyder fassen zur Resistenz von Geschlechterstereotypen zusammen:

> „Behavioral confirmation processes may account, at least in part, for the reason why stereotypes about women and men, for which there is little empirical validity, have remained strong and stable over the years."[48]

Steele (1997) beschreibt zusätzlich eine weitere Art, wie Stereotype sich auf die Entwicklung geschlechtstypisierten Verhaltens auswirken. In seiner *Theorie der Stereotypebedrohung* (streotype threat) wird angenommen:

> „dass Personen ein Gefühl der Bedrohung erleben, wenn sie sich in einer Situation befinden, in der sie befürchten (a) auf Basis von negativen Stereotypen beurteilt zu werden bzw. (b) durch ihr eigenes Verhalten negative Stereotype bezüglich ihrer Gruppe unbeabsichtigterweise zu bestätigen."[49]

Vorraussetzung für die Wirkung des *stereotype threat* ist, dass der agierenden Person die Stereotype über die Gruppe, der sie angehört, bekannt sind. Auf Grundlage dieses Wissens führt der Prozess der Stereotypenbedrohung bei dieser Person dann zu Denkprozessen und Ängsten, die sich folglich tatsächlich negativ auf ihre Leistungen

---

45 Aktionsrat Bildung 2009, S.49.
46 Eckes 2008, S.178.
47 Skrypnek/Snyder 1882.
48 vgl. ebd. S.120.
49 Petersen/Six 2008, S.88.

auswirken.[50] Ein oftmals in diesem Zusammenhang angeführtes Beispiel sind die Testleistungen von Frauen im Bereich Mathematik. So führten Spencer, Steele und Quinn (1999) Tests durch, bei denen weibliche und männliche Studierende Mathematikaufgaben lösen sollten. Dabei zeigte sich, dass Frauen und Männer in etwa gleich gut abschnitten, wenn Geschlecht im Rahmen der Untersuchung nicht thematisiert wurde. Wurde den Teilnehmenden von den Untersuchungsleitern allerdings im Vorfeld gesagt, dass es in der Vergangenheit geschlechtsspezifische Unterschiede im Bezug auf die Testergebnisse gab oder sie aufgefordert wurden, ihr Geschlecht in den Testbögen anzugeben, so zeigten die Frauen eindeutig stereotypkonsistent schlechtere Leistungen als die Männer.[51] Hier zeigte sich also, dass die Stereotypenbedrohung aktiviert wurde, indem bei den weiblichen Teilnehmerinnen ein Denkprozess über das negative Stereotyp („Frauen sind schlecht in Mathematik") angeregt wurde.

Die Theorie der Stereotypenbedrohung könnte demnach auch erklären, weshalb Frauen beispielsweise nach wie vor ihrer Geschlechterrolle entsprechende berufliche und akademische Laufbahnen bevorzugen.[52] Die Angst davor, mit negativen Stereotypen konfrontiert zu werden und diese zu bestätigen, könnte für viele Frauen ein Grund sein, sich von „typisch" männlichen Domänen zu distanzieren. Geschlechterstereotype würden folglich zur Perpetuierung von traditionellen Geschlechterrollen beitragen.

Die Theorien des behavioralen Erwartungseffekt und der Stereotypenbedrohung können somit erklären, wie Stereotype und vermeintlich geschlechtsadäquate Rollenbilder stets neu konstruiert und gefestigt werden. Sie können allerdings nicht pauschal als Erklärung dafür hinzugezogen werden, wie geschlechtstypisiertes Verhalten entsteht.

2.2.4 Zwischenfazit

Die hier vorgestellten Erklärungsansätze wirken zwar einleuchtend, allerdings wird deutlich, dass lediglich ein Ansatz alleine nicht ausreichen kann, um die Entwicklung von Geschlechterrollen und geschlechtstypisierten Verhaltens hinreichend zu erklären, da sich sowohl bestätigende als auch widersprechende Befunde und Überlegungen zu den jeweiligen Theorien finden lassen. Vielmehr sollten die Erklärungsansätze insofern betrachtet werden, als dass sie jeweils wichtige Prozesse und Faktoren in der Entwicklung der Geschlechterrollen beleuchten. So beeinflusst positive bzw. negative Bekräftigung Kinder sicherlich auch in ihrem Verhalten, allerdings kann man nicht

---

50 vgl. Lippa 2002, S.93.
51 vgl. Spencer et. al.1999.
52 vgl. Petersen/Six 2008, S.89.

davon ausgehen, dass diese Mechanismen zwangsläufig immer eine Wirkung haben. Wahrscheinlicher ist, dass Bekräftigungen und Imitationen von Rollenvorbildern gemeinsam wirken. Hinzu kommt die Erkenntnis, dass bestimmte kognitive Voraussetzungen und Leistungen erforderlich sind, um eine eigene Geschlechtsidentität, das Stereotypenwissen und das Wissen um die Geschlechterkonstanz aufzubauen. Dass Erwartungshaltungen und Stereotype hinsichtlich der Festigung von Geschlechterrollen ebenfalls eine Rolle spielen, zeigt die sozialpsychologische Perspektive auf. Es erscheint daher sinnvoll, die einzelnen Theorieansätze miteinander zu verknüpfen. Kasten schlägt hierfür eine *Rahmentheorie* vor, bei der die kognitive Theorie den Rahmen bietet, in den sich die weiteren Theorien einordnen lassen.[53] So muss die eigene Geschlechtsidentität erst stufenweise aufgebaut werden, während parallel die Erfahrungen, die das Kind in seinem sozialen Umfeld macht, ebenfalls maßgeblichen Einfluss auf die Identitätskonstruktion und die Entwicklung von Geschlechterrollen haben. So macht das Kind Erfahrungen damit, dass bestimmte geschlechtsspezifische Verhaltensweisen bekräftigt, andere bestraft werden, was sich wiederum auf dessen Verhalten auswirkt.[54] Außerdem wird es mit Modellen konfrontiert, deren Verhalten es unter Umständen imitiert. Obwohl Kasten nicht auf den behavioralen Erwartungseffekt und die Theorie der Stereotypenbedrohung eingeht, können auch diese beiden Erklärungsansätze in das Modell integriert werden. Die beiden Theorien sind dabei insofern relevant, als dass sie verdeutlichen, wie die darin beschriebenen Prozesse auch bis in das Erwachsenenalter hinein wirken können. So beschreibt die kognitive Theorie, dass das Wissen um Geschlechterstereotype und um Verhaltensweisen, die in der Gesellschaft als geschlechtsadäquat gelten, erworben wird. Darauf aufbauend beeinflussen diese Erwartungen und (negativen) Stereotype das eigene Verhalten und festigen wiederholt die Rollenbilder.

2.3 doing gender

Doing gender ist ein Erklärungsansatz zur Konstruktion von Geschlecht, bei dem Geschlechtszugehörigkeit nicht als festes Merkmal eines Individuums betrachtet wird, sondern der Fokus auf den sozialen Prozessen liegt, in denen die Kategorie „Geschlecht" hervorgebracht und reproduziert wird.[55] Das Konzept geht zurück auf West und Zimmerman (1987) und hat zur Grundannahme, dass

---
53 vgl. Kasten 1995 S.12 (online).
54 vgl Kasten 1995, S.13.
55 vgl. Gildemeister 2010, S.137.

„Geschlechtszugehörigkeit und Geschlechtsidentität als fortlaufender Herstellungsprozess aufzufassen sind, der zusammen mit faktisch jeder menschlichen Aktivität vollzogen wird und in den unterschiedliche institutionelle Ressourcen eingehen."[56]

West und Zimmerman entwickelten den Begriff dabei in Abgrenzung zur sex-gender-Theorie. In dieser wird zwar zwischen biologischem und sozialen Geschlecht unterschieden, allerdings wird *sex* als Grundlage von *gender* betrachtet, so dass letztendlich doch von einem biologischen Unterschied zwischen den Geschlechtern ausgegangen wird. Um diesem „heimlichen Biologismus"[57] zu umgehen, schlagen die Autoren einen dreigliedrigen Ansatz vor: es wird beim *doing gender* zwischen *sex, sex category* und *gender* unterschieden.

„*Sex* ist dabei die Bestimmung jener biologischen Kriterien, auf die man sich gesellschaftlich geeinigt hat, um mit ihnen Personen als ‚männlich' oder ‚weiblich' zu klassifizieren. [...] *Sex category* ist die Zuordnung in eine der beiden Kategorien durch die Anwendung des Kriteriums. Die Fähigkeit, das eigene Verhalten so zu managen, dass die alltäglichen Praktiken mit der vorgenommenen Zuordnung übereinstimmen, bezeichnen West/Zimmerman als *gender*."[58]

Geschlecht ist also nicht etwas, was eine Person bloß *hat* und das im alltäglichen Handeln seinen Ausdruck findet, sondern vielmehr das Ergebnis eines „aktiven und handlungsorientierten Prozesses"[59], also etwas, das man *tut*: „members do gender as they do housework"[60]. Es reiche allerdings nicht, Geschlecht lediglich für sich selbst zu inszenieren. Vielmehr könne die Inszenierung erst dann als erfolgreich angesehen werden, wenn anderen glaubhaft gemacht werden konnte, dass man eine Frau oder ein Mann, ein Mädchen oder ein Junge ist.[61] An der sozialen Herstellung von Geschlecht sind folglich immer mehrere beteiligt: diejenigen, die ihr Geschlecht inszenieren und diejenigen, die die Inszenierung anerkennen. Diese Prozesse laufen häufig unbewusst ab, sind jedoch allgegenwärtig. So bilde „doing gender [...] die Basis dafür, unsere Geschlechterverhältnisse als Normalität anzusehen und nicht als das, was sie sind: eine erhebliche kulturelle Leistung".[62]

Auch im schulischen Kontext lassen sich *doing-gender*-Prozesse beobachten. Schließlich ist die Schule ein sozialer Ort, in dem Kinder und Jugendliche einen Großteil ihrer Zeit verbringen, sie ist „ein bedeutsamer Raum für adoleszente Prozesse

---

56 Gildemeister 2010, S.137.
57 Gildemeister s.138.
58 Faulstich- Wieland 2004, S.177.
59 Budde 2005, S.24.
60 Berk 1985, S.201.
61 vgl. Budde/Willems 2006, S.6 (online)
62 ebd.

der Auseinandersetzung mit Geschlechterbildern und Geschlechterverhältnissen"[63]. Jungen und Mädchen erwerben in der Schule also nicht nur Fachwissen, das im Unterricht vermittelt wird, sondern sie lernen in ihrer Schulzeit auch, sich als geschlechtliches Wesen zu begreifen, ihr Geschlecht für sich und für andere aktiv zu inszenieren und sich vom anderen Geschlecht abzugrenzen. Solche Prozesse der Herstellung von Geschlecht vollziehen sich natürlich nicht nur außerhalb der Schulstunden, sondern häufig im Unterricht selbst. Die Lehrperson spielt bei der Geschlechterinszenierung also eine ebenso wichtige Rolle, da sie beispielsweise Unterrichtsthemen und -materialien aussucht, die Geschlecht thematisieren und dramatisieren, sowie durch ihre Äußerungen und ihr Verhalten gegenüber Schülerinnen und Schülern Geschlechterinszenierungen ermutigen kann. Auch werde etwa durch monoedukativen Unterricht Geschlecht dramatisiert und hergestellt.[64]

Während in Kapitel 4 die Rolle der Lehrperson bei der Herstellung von Geschlechterdifferenzen näher beschrieben wird, wird im Folgenden darauf eingegangen, wie Mädchen und Jungen ihre Weiblichkeit bzw. Männlichkeit inszenieren.

2.3.1 Inszenierung von Männlichkeit

Trotz dessen, dass das traditionelle Männlichkeitsbild heutzutage in der Öffentlichkeit immer mehr in Kritik gerät, orientieren sich viele Jungen nach wie vor an einem „Ideal von Unabhängigkeit und Stärke, von Aktivität und Dominanz, das den Charakter eines Leitbildes von gelungener und sozial hoch bewerteter Männlichkeit hat"[65]. Diese Orientierung lasse sich besonders stark bei Jungen aus niedrigen sozialen Schichten und jenen mit Migrationshintergrund beobachten, allerdings sei das Leitbild für Jungen aller sozialer Milieus bedeutsam.[66] Die zentralen Felder der Männlichkeitsinszenierung seien dabei speziell die Bereiche „Sport" und „Technik".[67]

Im Zusammenhang mit männlicher Geschlechterinszenierung spielt die gleichgeschlechtliche peer group eine große Rolle. So versuchen Jungen zum einen an das ideale Männlichkeitsbild heranzukommen, indem sie Hierarchien untereinander schaffen, sich in „typisch" männlichen Bereichen miteinander messen und versuchen, sich immer wieder selbst als männlich zu behaupten. Diese Hierarchien seien

---
[63] Flaake 2006, S.29.
[64] vgl. dazu Budde/Willems 2006, S.8f. (online)
[65] Flaake 2006, S.30.
[66] vgl. ebd.
[67] vgl. ebd.

zwangsläufig wandelbar, da die darin erreichten Positionen von anderen Jungen bedroht werden könnten und gegen diese verteidigt werden müssten.[68] Jungen, die als „unmännlich" gelten, werden ausgegrenzt, wodurch die anderen wiederum ihre Geschlechtsidentität behaupten können. Es entsteht ein Gemeinschaftsgefühl. Diese „Wir-Gruppe" „ist auf die Ausgrenzung anderer grundsätzlich angewiesen, denn nur so erhält Männlichkeit eine scharfe Konturierung, die es den Schülern erlaubt, zwischen männlich und unmännlich zu unterscheiden"[69].

Ein Kernelement der Männlichkeitsinszenierung ist zudem die Abwertung des Weiblichen und des weiblich konnotierten, beispielsweise von mit Abhängigkeit, Schwäche, Unsicherheiten, Angst und Hilflosigkeit verbundenen Eigenschaften von Personen.[70] Diese Abwertung von Weiblichkeit bzw. speziell von Mädchen kann sogar so weit gehen, dass außerschulische Freundschaften zu Mädchen in der Schule vor den peers verheimlicht oder geleugnet werden.[71] Aber auch Jungen, die in ihrem Verhalten, ihrem Äußeren oder ihren Interessen als „mädchenhaft" gelten, werden von anderen Jungen oft abgewertet, indem sie beispielsweise als „schwul" beschimpft werden.[72] Jungen, die sich nicht vollkommen in dem gewünschten Männlichkeitsbild wiederfinden, haben es besonders schwer, sich zu behaupten, da sie strengen Restriktionen unterliegen:

> „Die Furcht, als lächerlich, verweichlicht, oder zu wenig „cool" zu gelten, hemmt die Experimentierlust mit Verhaltensweisen, die aus dem Bereich männlicher „Normalität" herausfallen. Insbesondere die Gruppe der Gleichaltrigen sanktioniert solche Versuche in der Regel negativ."[73]

Auch zeigen Studien, dass das Bemühen um gute Noten und in der Schule geforderte Tugenden wie Fleiß, Aufmerksamkeit und Zuhören als weiblich konnotiert gelten und für Jungen somit häufig nicht erstrebenswert sind.[74] Vielmehr scheinen Jungen ihre Männlichkeit oftmals dadurch zu inszenieren, dass sie das gegenteilige Verhalten an den Tag legen. So versuchen manche Jungen, ihre männliche Identität damit zu festigen, dass sie den Unterricht stören, im Unterricht besonders „cool" wirken, Regeln nicht befolgen und keine „Streber" sind. Infolgedessen haben Jungen oftmals negative Schulerfahrungen, die allerdings nicht zwangsläufig schädlich für ihr Selbstvertrauen sein müssen, da Ermahnungen und Disziplintadel seitens der Lehrperson „ja die

---

68 vgl. Flaake 2006, S. 30.
69 Budde/ Faulstich-Wieland 2005, S. 41
70 vgl. Flaake 2006, S.31.
71 vgl. Michalek 2006, S.55.
72 vgl. Flaake 2006, S.31.
73 Staatsinstitut für Schulpädagogik und Bildungsforschung 1996, S.128.
74 vgl. Staatsinstitut für Schulpädagogik und Bildungsforschung 1996, S.128.

Bestätigung [enthalten], ein »richtiger« Junge zu sein, von dem eben auch abweichendes Verhalten erwartet wird"[75].

Zwar ist der Zusammenhang zwischen Schul(miss)erfolg und Männlichkeitsinszenierungen bislang noch nicht untersucht worden, allerdings lässt sich hier die Hypothese aufstellen, dass das vergleichsweise schlechte Abschneiden der Jungen, die als „Bildungsverlierer" gelten, seinen Ursprung unter anderem auch darin hat, dass diese sich von einem Männlichkeitsbild beeinflussen lassen, welches mit Schulerfolg nicht zwangsläufig vereinbar ist.[76]

Auch inszenieren Jungen ihr Geschlecht nicht nur vor anderen Jungen, sondern ebenso vor Mädchen. Dies geschieht laut Flaake häufig dadurch, dass Mädchen bzw. der weibliche Körper oder Details der Kleidung lautstark kommentiert werden, dass Mädchen offen sexualisiert oder spöttisch beurteilt werden.[77]

Wichtig ist, dass Männlichkeitsinszenierungen ein kollektives Phänomen sind. So stellten Frosh und Phoenix in einer Untersuchung, bei der Gruppen- und Einzelinterviews mit Jungen durchgeführt wurden, fest, dass diese ihre Männlichkeit vor allem in Anwesenheit ihrer gleichgeschlechtlichen peers inszenieren; die Orientierung am männlichen Idealbild wurde so insbesondere in den Gruppendiskussionen deutlich. Wurden die Jungen alleine befragt, so konnten einige von ihnen durchaus ihre Position in der Gruppe und ihr Verhalten darin kritisch reflektieren und sensiblere Seiten von sich zeigen.[78] Dieses Beispiel verdeutlicht, wie sehr doing-gender-Prozesse – vor allem bei männlichen Schülern – die Interaktion mit anderen beeinflussen und sicherlich häufig auch erschweren, da sie Jungen unbewusst Zugänge zu anderen, neuen Erfahrungen verwehren.

2.3.2 Inszenierung von Weiblichkeit

Das neue weibliche Idealbild, an dem sich viele Mädchen heutzutage orientieren, ist zweigeteilt. Einerseits scheint das Bild der „starken", „coolen" jungen Frau, wie sie häufig in den Medien propagiert wird, erstrebenswert. Sie ist jemand, der

> „selbstbewusst ist, geradeheraus ihre Meinung sagt, sich von niemandem in ihre Pläne reinreden lässt, sehr klar Bescheid weiß über sich und die Welt, in der sie sich bewegt, und trotzdem Spaß hat, viel Spaß. [...] Sie weiß Bescheid über Trends, sie kennt sich aus ohne dabei ihre Besonderheit zu

---
75 Ulrich 2001, S.111.
76 vgl. Flaake 2006, S.31.
77 vgl. Flaake 2006, S.32.
78 vgl. Frosh u. a. 2002; Phoenix/Frosh 2005 zit. nach Flaake 2006, S.33.

verlieren."[79]

Dieses Idealbild ist zwangsläufig mit viel Druck für Mädchen verbunden. Nicht Jede kann „cool" sein, zumal Untersuchungen zeigten, dass gerade in der Pubertät das Selbstbewusstsein junger Frauen – anders als bei Jungen - drastisch sinkt[80]. Zweitens würden junge Frauen mit einem nie ganz erreichbaren Idealbild von Schönheit und Attraktivität konfrontiert werden.[81] Mädchen versuchen sich also gleichzeitig als selbstbewusst und „tough", als auch als für das andere Geschlecht interessant, also körperlich attraktiv zu machen. Sie inszenieren somit den „männlichen Blick".

Zur Weiblichkeitsinszenierung gehört allerdings auch, vor allem in gleichgeschlechtlichen peer groups eine Unzufriedenheit mit seinem eigenen Körper zu inszenieren. Für viele Mädchen sei es normal, sich zu dick zu fühlen; eine Zufriedenheit mit dem eigenen Gewicht und der Figur gelte eher als Abweichung von der Norm.[82] So spricht Flaake davon, dass es bei jungen Frauen eine Kultur der Kritik gebe, „kaum jedoch eine Kultur des Stolzes, des körperlichen Wohlbefindens und der wechselseitigen positiven Bestätigung[83]". Mädchen bewerten sich auch gegenseitig äußerst kritisch und werten andere Mädchen, die nicht dem Ideal entsprechen, häufig ab.

Anders als Jungen inszenieren Mädchen ihr Geschlecht in ihren gleichgeschlechtlichen peer groups allerdings nicht durch Abwertung allen Männlichen. Es gebe, abgesehen davon, dass Jungen von Mädchen häufig als „unreif" bezeichnet werden, kein grundsätzliches Gefühl der Überlegenheit gegenüber dem anderen Geschlecht, aus dem die eigene Weiblichkeit geschaffen werden könnte.[84] Vielmehr ist es so, dass Mädchen auch der Zutritt zu Männer- bzw. Jungendomänen gewährt wird: „Sie dürfen ihre Möglichkeiten in das in unserer Gesellschaft hoch bewertete männliche Spektrum hin erweitern, das gilt als rationales Verhalten und wird ihnen – jedenfalls in Maßen – zugestanden."[85]

Im Allgemeinen sind gute bis sehr gute schulische Leistungen mit dem Frauenbild, an dem sich Mädchen orientieren, gut vereinbar. Ihre Weiblichkeitsinszenierungen beinhalten nicht – wie etwa bei den Jungen – Störungen des Unterrichts und das Nichtbefolgen von in der Schule aufgestellten Regeln, um als „cool" zu gelten. Auch hier lässt sich die ergänzende Hypothese aufstellen, dass es eine positive Korrelation zwischen Weiblichkeitsinszenierung und Schulerfolg geben könnte. Da Mädchen durch

---

79 Stauber 1999, S. 54.
80 vgl. Flaake 2006 S.34.
81 ebd. S.36
82 vgl. Flaake 2006, S.36.
83 ebd.
84 vgl. Flaake 2006, S..37.
85 Staatsinstitut für Schulpädagogik und Bildungsforschung 1996, S.128.

das Zeigen von in der Schule von ihnen erwartetem Verhalten und guten Leistungen ihre Weiblichkeit nicht als gefährdet, sondern unter Umständen gar bestätigt sehen, stellt sich ihnen in diesem Zusammenhang nicht dieselbe Hürde wie den Jungen. Dies könnte einer der Gründe dafür sein, weshalb Mädchen tendenziell bessere Schulleistungen und Schulabschlüsse als Jungen erreichen.

Allerdings sind sich Mädchen gerade in der Schule bewusst, dass es „Jungen-" und „Mädchenfächer" gibt, also einerseits Fächer, in denen von ihnen erwartet wird, gute Leistungen zu bringen, andererseits jene Fächer, in denen schlechte Leistungen nicht unbedingt als beunruhigend gelten. In Fächern aus dem mathematisch-naturwissenschaftlichen Bereich inszenieren manche Mädchen deshalb Hilflosigkeit und Inkompetenz, „um ihre Weiblichkeit herauszustellen"[86]. Dass diese Inszenierungen problematisch sind, ist offensichtlich. Wie auch die Jungen, verwehren sich viele Junge Frauen so Zugänge zu Bereichen, die dem anderen Geschlecht zugeordnet werden, weil diese als nicht weiblich und somit als nicht angemessen gelten; allerdings spielen hier sicherlich auch die Angst, den Erwartungen nicht zu entsprechen sowie der *stereotype threat* eine große Rolle. So waren 2010 lediglich 16% aller Studentinnen in Deutschland in sog. „MINT"-Studiengängen (Mathematik, Informatik, Naturwissenschaften, Technik) eingeschrieben, während ganze 46% der männlichen Studierenden sich für ein Studienfach aus diesem Bereich entschieden hatten.[87] Somit lässt sich sagen, dass Mädchen und Frauen zwar leichteren Zugang zu typisch „männlichen" Bereichen haben als umgekehrt, diese Chancen allerdings nur selten wahrnehmen, da sie sich in ihren privaten sowie beruflichen Interessen als weiblich inszenieren.

2.4 Mediale Einflüsse

Obwohl Familie, Schule und peers sicherlich die primären Sozialisationsinstanzen von Kindern und Jugendlichen sind, dürfen mediale Einflüsse nicht unterschätzt werden, wenn es um die Verbreitung von Geschlechterstereotypen geht, die wiederum Auswirkungen auf das Verhalten haben können.

So gibt es im Bereich der Kinder- und Jugendliteratur spezielle „Mädchenbücher" und „Jungenbücher", die jeweils für die Geschlechter vermeintlich relevante Themen behandeln, wobei auffällt, dass weitaus mehr Mädchen- als Jungenbücher auf dem Markt sind. Bekannt ist dabei vor allem die Reihe „Freche Mädchen – Freche Bücher"

---

86 Flaake 2006, S.38.
87 vgl. Statistisches Bundesamt 2012, S.22f (online).

des Thienemann Verlags, die sich der Lebenswelt weiblicher Teenager annimmt. Die Bücher tragen Titel wie „Schule, Küsse, Liebesstress", „Liebe, Chaos, Handyklingeln", oder „Mathe, Stress + Liebeskummer". Die Themen drehen sich, wie man bereits den Titeln entnehmen kann, um die erste Liebe, erste romantische Erfahrungen, den ersten Kuss. Die Protagonistinnen der Reihe, die vermeintlich „frechen Mädchen", sind „total chaotisch" oder „echte Katastrophengirls", „verlieren ihr Herz", möchten berühmt sein oder – als Leitmotiv der Reihe - einen festen Freund haben.[88] Das Pendant dazu bietet der Carlsen Verlag mit der Reihe „Für Mädchen verboten", die speziell Geschichten aus der Lebenswelt männlicher Heranwachsender zu erzählen. Hier findet man Titel wie „Ausgezickt" oder „Weiberalarm" in denen sich „coole" Jungen an fiesen, schönen Mädchen rächen oder einen „Anti-Weiber-Eid" schwören. Das Bild, das Jungen in solchen Büchern über Mädchen und Mädchen über sich selbst vermittelt wird, sollte äußerst kritisch betrachtet werden, da sie problematische Stereotypisierungen enthalten: Die darin enthaltenen Darstellungen von Mädchen tragen letzten Endes lediglich dazu bei, ein Bild von weiblicher Oberflächlichkeit und Gefühlsbetontheit zu zeichnen, während die Jungenbuchreihe Jungen vermittelt, alle Mädchen, mit Ausnahme der einen, in die man sich eventuell verliebt, kategorisch abzulehnen.

Auch das Kinderfernsehen zeigt stereotype Inszenierungen von Weiblichkeit und Männlichkeit. Zunächst einmal lässt sich feststellen, dass weibliche Charaktere in Hauptrollen im Kinderfernsehen deutlich unterrepräsentiert sind. Eine 2007 durchgeführte Studie, bei der rund 154 Stunden Filmmaterial bestehend aus 580 Kindersendungen untersucht wurde, brachte deutliche Ergebnisse: Sowohl im öffentlich-rechtliche als auch im Privatfernsehen zeigte sich, dass durchschnittlich etwa 70% der Hauptfiguren männlich sind.[89] Sie sind diejenigen, die überwiegend Gefahren ausgesetzt sind, Abenteuer erleben und Probleme bewältigen. Obwohl es durchaus auch Fernsehsendungen gibt, in denen weibliche Figuren selbstständig, kompetent und stark sind, überwiegen Mädchenfiguren, die eindimensionale Prinzessinnen oder Pferdeliebhaberinnen sind, welche zudem häufig sehr schön, unnatürlich schlank und sexualisiert dargestellt werden.[90] Selbst im Kinderfernsehen dominiert also der „männliche Blick": „Zuschauerinnen sehen sich meist nur mit dem Blick von Männern auf Frauen und ihre Lebenslage konfrontiert."[91]

Auch Fernsehwerbung, welche speziell Mädchen und Jungen ansprechen soll,

---
88 Steckbriefe d. Protagonistinnen: http://www.frechemaedchenfrechebuecher.de/books/steckbriefe.htm
89 (a) Internationales Zentralinstitut für das Jugend- und Bildungsfernsehen (IZI):, S.8 (online)
90 (b) Internationales Zentralinstitut für das Jugend- und Bildungsfernsehen (IZI) (online).
91 Götz 2002, S.2 (online).

perpetuiert Geschlechterstereotype. Dies lässt sich vor allem an Werbespots für Spielsachen erkennen. In Spots, die ein männliches Publikum ansprechen wollen, werden Jungen zu Actionhelden, zeigen Technikaffinität und Experimentierfreude, werden also als „typisch" männlich inszeniert. Produktwerbung, die hingegen Mädchen ansprechen soll, zeigt häufig stereotyp weibliche Aktivitäten. Mädchen designen hier Mode für ihre Puppen, basteln Schmuck und Backen an Spielzeugherden. Ein Beispiel ist sicherlich die „LEGO Friends" Serie, die speziell für Mädchen herausgebracht wurde. Während man in den anderen LEGO-Sets verschiedene Spielwelten bauen und mit Actionfiguren, Feuerwehrmännern, Polizisten und unzähligen Filmfiguren spielen kann, gilt es in LEGO Friends, den Schönheitssalon zu besuchen, das Häuschen einzurichten, Pferde in der Tierklinik zu versorgen und im Café Muffins zu backen.[92] Es wird deutlich, dass hier von stark stereotypen Mädcheninteressen ausgegangen wird, allerdings mit Erfolg: LEGO meldet 2012 Rekordumsatz, LEGO Friends ist viertstärkste Produktlinie.[93]

Bedenkt man also, dass Medien ebenfalls als Sozialisationsinstanzen fungieren können, so darf man sicherlich die Einflüsse von Büchern, Fernsehsendungen und Werbung nicht unterschätzen, wenn es darum geht, Stereotype über das andere Geschlecht sowie eigenes geschlechterstereotypes Verhalten bei Kinder und Jugendlichen zu untermauern und zu fördern.

2.5 Geschlechterrollen

Der Begriff Rolle wird in der Soziologie und Sozialpsychologie verwendet und bezeichnet ein Regelsystem für das Verhalten von Personen, die einer bestimmten Gruppe angehören. „Das System von Verhaltensregeln, welches vom Geschlecht des Individuums abhängt, wird als Geschlechterrolle bezeichnet."[94] Der Begriff Geschlechterrolle wird sowohl deskriptiv - um in einer Gesellschaft vorhandenen Rollenverhältnisse zu beschreiben -, als auch präskriptiv verwendet.[95] In seiner präskriptiven Form wird er interpretiert als das „Insgesamt der Erwartungen an das eigene Verhalten wie auch an das Verhalten des Interaktionspartners bezüglich des jeweiligen Geschlechts"[96]. In der Regel gibt es eine Übereinstimmung zwischen dem biologischen Geschlecht und der Geschlechterrolle, die eine Person übernimmt.

---
92 siehe LEGO Friends Werbung (online).
93 vgl. Steinkirchner 2013 (online).
94 Merz 1979, S.77.
95 vgl. Eckes 2008, S.171.
96 Mertens 1994, S. 24 .

Rollenunterschiede zwischen Frauen und Männern sind historisch gewachsen. Der traditionellen Rollenverteilung liegen biologische Unterschiede zwischen den Geschlechtern zugrunde. Aufgrund ihrer Mutterrolle waren Frauen lange Zeit durch Schwangerschaften und Pflege der Kleinkinder belastet, sie konnten also nicht an Tätigkeiten teilnehmen, die sie lange Zeit von ihren Kindern trennten oder sie körperlich beeinträchtigten.[97] Folglich wurden diese Tätigkeiten von Männern übernommen. Auch die Unterschiede in der körperlichen Konstitution von Frauen und Männern bestimmte die Arbeitsteilung.[98] Männer gingen also körperlich belastenden Arbeiten nach, sie waren Versorger, Ernährer und Oberhaupt der Familie. Die traditionelle Rollenverteilung war somit ökonomisch sinnvoll. Da es allerdings die Männer waren, die einen größeren Beitrag zur Sicherung des Lebensunterhals leisteten, erhielten sie auch eine gesellschaftliche höhere Stellung. Die Arbeitsteilung war somit Ausgangspunkt für weitere Rollenunterschiede: Männer hatten mehr Macht inne, ihnen wurde mehr Autorität zugeschrieben, mehr Achtung entgegengebracht und ihre Sexualität wurde weniger reglementiert.[99] Obwohl sich unsere Gesellschaftsstruktur durch die Industrialisierung und später durch die Digitalisierung stark verändert hat, lassen sich Grundzüge dieser Rollenunterschiede immer noch vorfinden. So sind die heute als prestigeträchtig geltenden Berufe kaum mehr mit körperlicher Arbeit verbunden und werden auch von Frauen ausgeübt. Auch können Frauen heutzutage die Mutterschaft durch Mutterschutz und Krippen häufig leichter mit ihrer Arbeit vereinbaren. Zusätzlich sind auch Männer immer häufiger bereit, die Rolle des Hausmannes einzunehmen. Dennoch gibt es auch heute noch geschlechtsspezifische Domänen wie z.B. Berufe, die als unmännlich gelten und weniger Ansehen haben, Männern häufig mehr Respekt entgegengebracht und im Bezug auf die weibliche und männliche Sexualität besteht nach wie vor eine Doppelmoral. Obwohl also kaum mehr wirtschaftliche Vorteile aus den Geschlechterrollen hervorgehen, werden sie immer noch, wenn auch in sich verändernder Form, aufrechterhalten.
Die soziologische, sozialpsychologische sowie feministische Perspektive geht dabei davon aus, dass Geschlechterrollen durch Sozialisations- und Erziehungsprozesse konstruiert sind. Eng verknüpft mit den Geschlechterrollen sind die Geschlechterstereotype. Sie haben nach Alfermann „eine motivationale Funktion, [die darin besteht], die herrschende gesellschaftliche Rang- und Wertordnung zu

---
97 vgl. Merz1979, S.87.
98 vgl. ebd. S.85.
99 vgl. Merz 1979, S.83.

rechtfertigen und zu perpetuieren"[100]. Geschlechterstereotype tragen also – obwohl sie häufig ungenau, unangemessen oder schlichtweg falsch sind – zur Aufrechterhaltung der Geschlechterrollen bei.

Allerdings weist Merz darauf hin, dass es auch innerhalb einer Kultur Differenzierungen innerhalb der Geschlechterrollen gibt.[101] So würden sicherlich andere geschlechtsbezogene Verhaltenserwartungen an einen Akademiker als an einen Handwerker gestellt. Auch das Alter einer Person spiele eine Rolle. Verhaltensweisen, die bei einer junge Frau als „typisch weiblich" gelten, könnten bei älteren Frauen als unpassend und unangebracht, wenn nicht gar lächerlich erscheinen. Auch verhielten sich Söhne und Väter sowie Mütter und Töchter in ihren jeweiligen Geschlechterrollen unterschiedlich.

Von den Rollenerwartungen abweichendes Verhalten wird häufig missbilligt oder bestraft. Dies gilt vor allem Jungen- und Männerverhalten, das von der „Norm" abweicht. So kann beispielsweise eine Frau Kleidung tragen, die als typisch männlich gilt, ohne Spott auf sich zu ziehen, Männer, die Kleider tragen, werden wiederum in der Regel verspottet. Auch ist es wahrscheinlicher, dass Gleichaltrige sich über einen Jungen lustig machen, der in einer Gruppe Mädchen mit Puppen spielt, als über ein Mädchen, dass mit Jungen tobt oder mit Autos spielt.[102] Harte Sanktionen bei Verstößen gegen die Geschlechterrollen zeigen sich beispielsweise in verschiedenen Formen von Diskriminierung und Gewalt gegenüber (überwiegend männlichen) Homo- und Transsexuellen und der Tatsache, dass Homosexualität, als „unnatürlich" geltend, bis heute in vielen afrikanischen und asiatischen Ländern unter Gefängnis- oder Todesstrafe gestellt wird[103].

Dem Sachverhalt, dass Männer für als weiblich geltendes Verhalten stärkere negative Konsequenzen erfahren, als Frauen für als männlich geltendes Verhalten, liegt zugrunde, dass Männer- und Frauenrollen unterschiedlich bewertet werden: „Die Merkmalskomplexe der weiblichen Geschlechtsrollen werden generell schlechter bewertet."[104] Typisches „Männerverhalten" gilt bei Frauen somit als akzeptabel und zum Teil sogar als wünschenswert, da es gesellschaftlich positiv konnotiert ist, typisches „Frauenverhalten" bei Männern ist hingegen unerwünscht.

---

100 Alfermann 1996, zitiert nach Gorlov 2009, S.66.
101 Merz.1979, S.77.
102 Beispiele übernommen aus Merz 1979, S.79.
103 Für einen Überblick: Gesetze zur Homosexualität (online).
104 Dietzen 1993, S.25.

2.6 Geschlechterstereotype

„Geschlechterstereotype sind kognitive Strukturen, die sozial geteiltes Wissen über die charakteristischen Merkmale von Frauen und Männern enthalten."[105] Eckes Defintion zufolge basieren sie einerseits auf individuellem Wissen, andererseits bilden sie ein konsensuelles Verständnis über in der jeweilgen Kultur typischen Merkmale der Geschlechter.[106] Es handele sich bei Geschlechterstereotypen um traditionelle Konzepte darüber, was gesellschaftlich und kulturell als „normal", „typisch" oder gar „natürlich" für Männer und Frauen gilt.[107] Eckes unterscheidet dabei zwischen *deskriptiven* und *präskriptiven* Anteilen der Stereotype. Laut dem Autor beschreiben Geschlechterstereotype also einerseits, wie Männer und Frauen vermeintlich *sind*, d.h. ihre Verhaltensweisen und Charaktereigenschaften, andererseits beinhalten sie auch Annahmen darüber, wie Frauen und Männer *sein sollen*.

So werden in der Regel folgende Zuschreibungen von Eigenschaften gemacht:

> „Männer sind kompetent, unemotional, logisch, dominant, unabhängig, aggressiv, leistungsorientiert. […] Frauen sind warmherzig, charmant, sensitiv, emotional, sorgsam, weich, passiv, intuitiv, anhängig, unterordnend, sozial."[108]

Werden diese Annahmen über vermeintlich geschlechtstypische Eigenschaften verletzt, so führt dies laut Eckes zu Überraschung, Ablehnung oder Bestrafung, allerdings in den seltensten Fällen zur einer Änderung des Stereotyps.[109] Auch konsensuelle Stereotype werden nur stark verzögert revidiert. So wurde Ende der fünfziger Jahre eine Befragung zu „typisch" männlichen und weiblichen Eigenschaften durchgeführt, die nahezu dieselben Ergebnisse zeigte, wie eine 1977 durchgeführte Replikationsstudie.[110] Während andere Einstellungen sich in diesem Zeitraum von rund zwanzig Jahren geändert haben, sind die Stereotype also relativ konstant geblieben. Geschlechterstereotype sind also, so Eckes, „in hohem Maße änderungsresistent"[111].

Sie variieren zudem auch stark regional und kulturell. Zwar werden in allen Kulturen Männern und Frauen unterschiedliche Eigenschaften zugeschrieben, allerdings zeigte eine Untersuchung von Williams und Best (1990), dass die Stereotype nicht die gleichen sind. So vertrat die Mehrheit der befragten Amerikaner die Ansicht, dass Männer

---
105 Eckes 2008, S.171.
106 vgl ebd.
107 vgl. Mietzel 2002, S.229
108 Hilgers 1994, S.44
109 vgl. Eckes 2008, S.171
110 vgl. Anger 1960; Vetter 1961; Reinhard 1977, zitiert nach Hilgers 1994, S,44.
111 Eckes 2008, S.171.

aggressiv seien, während nur eine Minderheit der Nigerianer dieser Aussage zustimmte. Auch das in Amerika häufig vertretene Stereotyp, Frauen seien gefühlsbetont, fand nur wenig Zustimmung in Pakistan.[112]

Die Inhalte der in der westlichen Welt bestehenden Geschlechterstereotype zeigen sich in der Forschung allerdings relativ eindeutig: Merkmale, die häufiger Frauen als Männern zugeschrieben werden, lassen sich laut Eckes in den Konzepten *Wärme* oder *Expressivität* zusammenfassen. Die Merkmale, die überwiegend Männern zugeschrieben werden, bündeln sich in den Konzepten *Kompetenz* oder *Instrumentalität*[113].

Instrumentalität (männlich)	Expressivität (weiblich)
aktiv	einfühlend
Druck standhaltend	auf andere eingehend
konkurrierend	freundlich
entscheidungsfähig	gefühlsbetont
nicht leicht aufgebend	herzlich
selbstsicher	hilfreich
sich überlegen fühlend	verständnisvoll
unabhängig	...
...	

Tabelle 1: Beispiele aus dem Geschlechtsrolleninventar (übernommen aus Bischof-Köhler 2006, S.19.)

An dieser Stelle stellt sich die Frage, wie es zu diesen Rollenzuweisungen an Männer und Frauen kommt. Eckes führt hierzu zwei theoretische Erklärungsmodelle an; die *Theorie der sozialen Rollen* und das *Stereotypinhaltsmodell*. Laut der *Theorie der sozialen Rollen* nach Eagly (1987) prägen die Rollen, die Männer und Frauen in einer Gesellschaft einnehmen, maßgeblich die Geschlechterstereotype. So wird häufig angenommen, dass Frauen und Männer eben die Merkmale aufweisen, die ihren Rollen im familiären und beruflichen Umfeld entsprechen:

„Wärme/Expressivität als Kerninhalt des Frauenstereotyps ergibt sich daraus, dass Frauen überwiegend die Hausfrauenrolle bzw. Berufsrollen mit eher niedrigem Status (z.B. Grundschullehrerin, Krankenschwester) ausüben; Kompetenz/Instrumentalität folgt entsprechend daraus, dass

---
[112] vgl. Williams/Best 1990, zitiert nach Mietzel 2002, S. 229
[113] vgl. Eckes 2008, S.172.

Männer überwiegend die Ernährerrolle bzw. Berufsrollen mit eher hohem Status (z.B. Manager, Rechtsanwalt) ausüben."[114]

Somit wird aus Rollenbildern und den damit verbundenen Vorstellungen auf vermeintlich real vorhandene Eigenschaften von Männern und Frauen geschlossen, die nicht zwangsläufig der Wahrheit entsprechen müssen. Allerdings können sich diese Geschlechterstereotype auch teilweise bewahrheiten. So hätten die sozialen Rollen und die damit verbundenen Anforderungen oftmals zur Folge, dass Frauen und Männer unterschiedliche Verhaltensweisen und Fähigkeiten entwickeln oder verstärken.[115]

Das *Stereotypinhaltsmodell* nach Fiske (1998) bietet einen weiteren Erklärungsansatz. Demnach werden die Inhalte von Geschlechterstereotypen durch den gesellschaftlichen Status von Männern und Frauen, sowie durch die Art der Interdependenz der beiden Gruppen bestimmt. Man unterscheidet dabei zwischen *kooperativer* und *kompetitiver* Interdependenz:

„Unter kooperativer Interdependenz sind die Handlungsergebnisse der einen Gruppe mit denen der anderen positiv korreliert (beide Gruppen gewinnen bei der Interaktion), unter kompetitiver Interdependenz ist diese Korrelation negativ (die eine Gruppe gewinnt, die andere verliert)."[116]

Nach Fiske entstehen die Inhalte der Geschlechterstereotype daraus, dass Männer und Frauen auf den Dimensionen *Kompetenz* und *Wärme* eingeordnet werden. Die Einordnung im Bereich *Kompetenz* wird dabei durch den gesellschaftlichen Status der jeweiligen Gruppe vorgenommen. So schreiben Menschen einem hohen Status auch eine hohe Kompetenz zu, einem niedrigen Status eine geringere Kompetenz. Die Dimension *Wärme* wird durch die Interdependenz der eigenen Gruppe mit der jeweils anderen Gruppe bestimmt. So würden kooperative Gruppen als warm und als unbedrohlich für die eigenen Gruppenziele eingeschätzt, kompetitive Gruppen als kalt und bedrohlich ermessen werden.[117]

Das traditionelle Frauenstereotyp ergebe sich folglich dadurch, dass diese gesellschaftlich tendenziell weniger Macht als Männer haben, somit einen niedrigeren sozialen Status aufweisen und zusätzlich eine kooperative Interdependenz im häuslich-familiären und partnerschaftlichen Umfeld zur Gruppe der Männer aufweisen. Das Männerstereotyp hingegen ergebe sich aus dem hohen gesellschaftlichen Status der Männer in Verbindung mit ihrer kompetitiver Interdependenz im beruflichen Umfeld gegenüber Frauen.[118] Die Theorie der sozialen Rollen und das Stereotypinhaltsmodell

---
114 Eckes 2008, S.179f.
115 vgl. Aronson et. al. 2004, S.111.
116 Eckes 2008, S.180.
117 vgl. ebd.
118 vgl. Eckes 2008, S.180.

sind laut Eckes nicht als zwei sich gegenseitig ausschließende Erklärungsansätze zu verstehen, sondern können zusammengefasst werden, um eine integrative Theorie zur Erklärung der Inhalte von Geschlechterstereotypen zu formulieren.[119]

Es ist durch die Forschung eindeutig belegt, dass Geschlechterstereotype bereits bei Kindern im Vorschulalter vorhanden sind. Eine Untersuchung von Kohlberg (1966), bei der Interviews mit Kindern ab fünf Jahren durchgeführt wurden, zeigte sogar, dass ihre Geschlechterstereotype faktisch identisch mit denen Erwachsener waren. So wurden Männer als aktiver, stärker, aggressiver, furchtloser, eher geneigt zu strafen, weniger zärtlich und weniger fürsorglich charakterisiert, ihnen wurden Aufgabenbereiche außerhalb des Haushalts zugeordnet. Frauen hingehen wurden von den Kindern als zärtlicher, fürsorglicher, zarter, schwächer, hilfloser und gar dümmer eingeschätzt; ihre Aufgabenbereiche sahen die Kinder im Haushalt und in der Kinderbetreuung.[120] Eine Anfang der 90er Jahre durchgeführte Längsschnittstudie macht deutlich, dass diese Stereotype im Wesentlichen immer noch galten.[121] Nun könnte man meinen, dass die Geschlechterstereotype von Kindern dadurch entstehen, dass sie diese traditionelle Rollenverteilung auch tatsächlich in ihrem familiären Umfeld erleben. Bischof-Köhler weist allerdings darauf hin, dass Geschlechterstereotype sich unabhängig von den tatsächlichen Familienerfahrungen einstellen. So zeigten sich diese Stereotype auch bei Kindern, deren Mütter Alleinverdienerinnen waren und deren Väter die Rolle des Hausmanns einnahmen, bei Kindern, die nie von ihren Vätern gestraft wurden und solchen, die ohne Vater aufwuchsen. Auch im Bezug auf die Schichtzugehörigkeit der Kinder gebe es keine Unterschiede in den Geschlechterstereotypen.[122] Hieraus kann man sicherlich ableiten, dass Kinder auch außerhalb des familiären Umfeldes – etwa im Kindergarten, später in der Schule sowie durch die Medien – regelmäßig Erfahrungen sammeln, die die gängigen Geschlechterstereotype aufbauen und festigen, so dass etwaige nicht-traditionelle Rollenbilder, die sie in ihrer eigenen Familie erleben, als Ausnahme angesehen werden. Wie es zu solch einer Vergröberung der Geschlechterstereotype kommt, beschreibt die Geschlechtsschema-Theorie (gender schema theory) nach Sandra Bem (1981). Hierbei wird davon ausgegangen, dass jede Person über (mehr oder weniger rigide) kognitive Schemata von Männlichkeit und Weiblichkeit verfügt. Diese beinhalten Kenntnisse über Verhaltensweisen, Rollen, Beschäftigungen und Merkmalen von Männern und Frauen.[123] Andere Personen werden

---
119 vgl. Eckes 2008, S.180.
120 vgl. Kohlberg 1966, zitiert nach Bischof-Köhler 2006, S.81.
121 vgl. Trautner 1992, zitiert nach Bischof-Köhler 2006, S.82.
122 vgl. Bischof-Köhler 2006, S. 82.
123 vgl. ebd., S.83.

so durch dieses Wissen in eine der beiden Kategorien eingeordnet. Dabei bestehe die Tendenz, neue Informationen, die man über das Geschlecht erhält, zu verallgemeinern und widersprüchliche, nicht in die Schemata passende Informationen auszublenden oder umzudeuten[124]. Hat man also beispielsweise die Erwartung, dass eine Krankenschwester weiblich ist, so werden Informationen über männliche Pfleger tendenziell verdrängt und schlechter erinnert, da sie sich nicht in die bestehenden Kategorien einordnen lassen. Man spricht in diesem Fall von einem Bestätigungsfehler oder *confirmation bias*, also „our tendency to look for information that confirms our preexisting beliefs while ignoring information that contradicts those beliefs[125]". Bestehende Vorstellungen über Männlichkeit und Weiblichkeit beeinflussen also auch die Einordnung von Informationen, so dass es zu selektiven Wahrnehmungen und Erinnerungen kommt, die die Vorstellungen wiederum bestätigen. So finden auch Geschlechterstereotype immer wieder Bestätigung und werden wiederholt gefestigt.

---

124 vgl. Bischof-Köhler 2006, S.83.
125 Ryle 2011, S.17.

3. Mädchen, Jungen, Unterrichtsstörungen

3.1 Unterrichtsstörungen und Disziplinkonflikte

Hinsichtlich des Begriffs „Unterrichtsstörung" liegt in der Fachliteratur keine eindeutige Definition vor, vielmehr gibt es eine Reihe von verschiedenen Definitionen, die unterschiedliche Aspekte in den Fokus stellen.

Eine der am meisten gebräuchlichen Definitionen ist die von Winkel: "Eine Unterrichtsstörung liegt dann vor, wenn der Unterricht gestört ist, d.h. wenn das Lehren und Lernen stockt, aufhört, pervertiert, unerträglich oder inhuman wird."[126] Winkel stellt dabei den Lehr-Lern-Prozess in der Vordergrund, ohne anzugeben wer oder was der Auslöser für Unterrichtsstörungen sein könnte. Er plädiert dafür, keine Schuldzuweisungen an Schüler_innen oder Lehrer_innen vorzunehmen und dafür, „von der personalen Definitionsrichtung wegzukommen und stattdessen die Unterrichtsstörung vom Unterricht her zu kennzeichnen"[127].

Auch Lohmanns Definition des Begriffs ist häufig verbreitet. Dieser bezeichnet Unterrichtsstörungen als „Ereignisse, die den Lehr-Lern-Prozess beeinträchtigen, unterbrechen oder unmöglich machen, indem sie die Voraussetzungen, unter denen Lehren und Lernen erst stattfinden kann, teilweise oder ganz außer Kraft setzen[128]". Wie Winkel tendiert Lohmann zu einer nicht-personalen Definition ohne Schuldzuweisungen, weist allerdings zusätzlich daraufhin, dass Störungen sowohl von Lehrer_innen´und Schüler_innen verursacht, als auch von außen hereingetragen werden können. Biller definiert den Begriff Unterrichtsstörung ebenfalls aus der Unterrichtssituation heraus, weitet ihn jedoch aus und bezieht ihn auch auf potentielle Ereignisse. Laut ihm handelt es sich bei Unterrichtsstörungen um „Alles, was den Prozess oder das Beziehungsgefüge von Unterrichtssituationen unterbricht oder unterbrechen könnte"[129].

Im Gegensatz zu Winkel, Lohmann und Biller definiert Keller den Begriff allerdings durchaus personal. So sind laut ihm „Unterrichtsstörungen (...) unterschiedliche Formen abweichenden Verhaltens, die das Lehren und Lernen mehr oder weniger stark beeinträchtigen"[130]. Das abweichende Verhalten wird von ihm dabei auf Seite der Schüler_innen gesehen. Auch Nolting stellt bei seiner Definition das Schülerverhalten

---

126 Winkel 2005, S.29.
127 Winkel 2005, S.29.
128 Lohmann 2003, S.12
129 Biller 1981 S.28.
130 Keller 2008, S.21.

in den Vordergrund, führt dies allerdings noch weiter aus und gibt normative und funktionale Kriterien für die Definition von Unterrichtsstörungen an:

> Normative Definition: „Unterrichtsstörungen sind Handlungen von Schülern, die gegen Regeln für das Verhalten im Unterricht verstoßen. Ob eine Störung vorliegt oder nicht, hängt hier letztlich von der Lehrkraft ab; sie bestimmt die Regeln und bewertet das Verhalten. Was Lehrer X als »unruhig« bezeichnet, nennt seine Kollegin Y vielleicht »lebhaft«."

> Funktionale Definition: „Unterrichtsstörungen sind Handlungen, welche die von einer Lehrkraft beabsichtigte Unterrichtsdurchführung behindern, und zwar (a) indem sie andere Personen, nämlich die Lehrkraft oder die Mitschüler, in ihren aufgabenbezogenen Aktivitäten beeinträchtigen, und/oder (b) indem sie die eigene aufgabenbezogene Aufmerksamkeit und Mitarbeit beeinträchtigen."[131]

Nolting integriert in seine Definition wichtige Aspekte, die in den anderen zuvor dargestellten Definitionen nicht deutlich werden. So weist er hier auf den subjektiven Charakter von Unterrichtsstörungen und die individuelle Wahrnehmung verschiedener Lehrpersonen hin. Was genau als störend oder nicht störend betrachtet wird, variiert also von Mensch zu Mensch und kann sicherlich nicht eindeutig definiert werden.

Weiterhin macht Nolting deutlich, dass eine Unterrichtsstörungen nicht nur zwangsläufig von *einer* Person ausgehend, *andere* Personen betreffen muss, sondern auch dann als solche betrachtet werden muss, wenn sie lediglich den Störer bzw. die Störerin selbst im Hinblick auf Aufmerksamkeit und Mitarbeit im Unterricht beeinträchtigt.

Beschäftigt man sich allgemein mit dem Thema Unterrichtsstörungen, so ist es sicher am sinnvollsten, Lohmanns Begriffsdefinition vorzuziehen, da diese weiter gefasst ist alle möglichen Störfaktoren einbezieht. In dieser Arbeit wird allerdings ein spezieller Aspekt des Themas intensiver untersucht, nämlich vor allem durch Schülerinnen und Schüler verursachte Unterrichtsstörungen. Zwar soll auch das Verhalten der Lehrperson betrachtet werden, der Fokus liegt aber letztlich auf dem Schüler_innenverhalten. Da auch die subjektive Wahrnehmung von Lehrerinnen und Lehrern im Zusammenhang mit dem Thema dieser Arbeit steht, soll im Kontext der vorliegenden Arbeit die Definition von Nolting gemeint sein, wenn von Unterrichtsstörungen die Rede ist.

Weiterhin weist Nolting darauf hin, dass man statt von einer Unterrichtsstörung auch von einem „Konflikt" sprechen kann.[132] Auch Lohmann benutzt einen ähnlichen Begriff - „Disziplinkonflikt". Hierbei handelt es sich laut ihm um „die Verletzung – meist von Schülerseite – von impliziten oder expliziten Normen und Regeln, die – meist von

---
131 Nolting 2008, S.13
132 vgl. Nolting 2008, S. 14

Lehrerseite – für den reibungslosen Ablauf von Unterricht und Schulalltag vorausgesetzt werden"[133].

Nolting unterscheidet zwischen drei Typen von Störungen: den aktiven Unterrichtsstörungen, den passiven Unterrichtsstörungen und den Störungen der Schüler-Schüler-Interaktion.[134] Aktive Unterrichtsstörungen sind dabei „Schüleraktivitäten, die den Eindruck von »Unruhe« und »Unaufmerksamkeit« erzeugen und auch als »Disziplinprobleme« bezeichnet werden"[135]. Passive Unterrichtsstörungen hingegen zeichnen sich laut Nolting eher durch einen Mangel an erwünschten Aktivitäten aus, wie der Mitarbeit im Unterricht oder der Erledigung von Hausaufgaben. Man gebrauche in diesem Fall eigentlich seltener den Begriff „Unterrichtsstörung", allerdings sei diese Bezeichnung durchaus zutreffend, da auch durch die passiven Formen das Lernen und Lehren gestört ist. Der dritte Typ umfasst Störungen, die sich indirekt aus dem Verhältnis der Schülerinnen und Schüler untereinander ergeben. So könnten etwa Streitigkeiten und Feindseligkeiten zwischen einzelnen Kindern oder Jugendlichen oder zwischen Gruppen einer Klasse auch in den Unterricht hineinwirken und diesen zuweilen stören. Auf Störungen in der Schüler-Lehrer-Interaktion geht Nolting allerdings nicht ein, obwohl dies sicherlich auch ein relevanter Störfaktor sein kann.

Keller differenziert die Beschreibung von Unterrichtsstörungen aus und unterscheidet zwischen fünf typischen Erscheinungsformen, die sich allerdings auch in Noltings Kategorien einordnen lassen. Die erste Erscheinungsform ist die der *akustischen Störungen*, darunter zählt beispielsweise das Schwatzen mit Mitschüler_innen, Zwischenrufe, Schreien oder Singen im Unterricht. Weiterhin nennt Keller die *motorischen Störungen*. Hierzu zählt das Kippeln mit dem Stuhl, das Zappeln, das Spielen mit Arbeitsmaterialien und das Herumlaufen im Klassenraum. Der dritte Punkt sind die *Aggressionen*. Handlungen, die in diese Kategorie fallen, sind zum Beispiel verbale Provokationen oder körperliche Angriffe gegenüber Mitschüler_innen, Sachbeschädigungen, aber auch verbale und körperliche Attacken gegenüber der Lehrperson. Die vierte Erscheinungsform ist die *geistige Abwesenheit*, wie das Träumen, Schlafen oder Erledigen von stofffremden Arbeiten im Unterricht. Als letzten Punkt nennt Nolting die *Verweigerung*. Hierzu zählen das Fehlen von Unterrichtsmaterialien, unerledigte Arbeitsaufträge und Hausaufgaben, die

---
133 Lohmann 2003, S. 12.
134 vgl. Nolting 2008, S.12.
135 ebd.

Verweigerung von Mitarbeit und das Zuspätkommen.[136]

Während die akustischen und motorischen Störungen sicherlich in die Kategorie der aktiven Unterrichtsstörungen einzuordnen sind, gehört die geistige Abwesenheit und die Verweigerung zum passiven Typus der Unterrichtsstörungen. Störungen aus dem Bereich der Aggressionen lassen sich zum Teil durchaus den Störungen der Schüler-Schüler-Interaktion zuordnen, können aber auch durch ein gestörtes Schüler-Lehrer-Verhältnis begründet sein, auf das Nolting nicht eingeht. Es erscheint allerdings sinnvoll, auch diese Art von Störung in den Überlegungen zu berücksichtigen und in Noltings Kategorien einzubeziehen.

Typen von Unterrichtsstörungen (Nolting 2008)	Erscheinungsformen von Unterrichtsstörungen (Keller 2008)	
(1) Aktive Unterrichtsstörungen	*Akustische Störungen* • Schwätzen • Zwischenrufe • Summen, Singen • Schreien, Grölen • Handy, Uhrenalarm	*Motorische Störungen* • Schaukeln • Zappeln • mit Arbeitsmitteln spielen • mit dem Stuhl kippeln • Herumlaufen
(2) Passive Unterrichtsstörungen	*Geistige Abwesenheit* • stofffremde Arbeiten erledigen • zum Fenster hinausschauen • Tagträumen • Schlafen	*Verweigerung* • fehlende Unterrichtsmaterialien • unerledigte Arbeitsaufträge • fehlende Hausaufgaben • Mitarbeitsverweigerung • Zuspätkommen
(3) Störungen der Schüler-Schüler-Interaktion (oder der Lehrer-Schüler-Interaktion)	*Aggressionen* • Mitschüler verbal provozieren • Mitschüler körperlich angreifen • fremde Sachen wegnehmen • Sachen beschädigen, zerstören • Wutausbruch • Lehrer_innen verbal angreifen • Lehrer körperlich angreifen	

Tabelle 2: Typen und Erscheinungsformen von Unterrichtsstörungen (Quelle: Nolting 2008, Keller 2008, eigene Darstellung)

---

136 vgl. Keller 2008, S.21f.

3.2 Repräsentation in Fallbeispielen

Setzt man sich mit der Fachliteratur auseinander, die sich dem Thema Unterrichtsstörungen aus pädagogischer Sicht nähert, so lässt sich feststellen, dass nicht explizit erwähnt wird, dass im Hinblick auf Häufigkeit und Formen von Störungen Geschlechterunterschiede bestehen. Meist ist geschlechtsneutral von den störenden Schülerinnen und Schülern die Rede. Betrachtet man allerdings die dargestellten unterschiedlichen konkreten Fallbeispiele einzelner Kinder und Jugendlicher, die den Unterricht stören, lässt sich dabei ein klares Ungleichgewicht in der Repräsentation der Geschlechter feststellen. So gibt Becker neun Beispiele für Verhaltensweisen sogenannter „Problemschüler" verschiedener Altersgruppen, sieben davon beziehen sich dabei auf Jungen: „Alexander" beispielsweise ist unruhig, läuft im Klassenraum umher, schlägt seine Mitschüler und reagiert nicht auf Ermahnungen der Lehrpersonen. Ein weiterer Schüler wird aggressiv, er „knurrt und kratzt" und hat keine Lust, am Unterricht teilzuhaben. Ähnlich gestaltet sich die Situation bei einem anderen Schüler, der während des Unterrichts regelmäßig Hund spielt. „Uwe" hingegen spielt Fernsehansager, er ruft also ungefragt in den Klassenraum und kommentiert alle Vorgänge. Ein weiteres Fallbeispiel ist „Dominik", der ebenfalls unaufgefordert dazwischenredet und aggressiv wird, wenn er Strafarbeiten bekommt. Die zwei Fallbeispiele der Mädchen unterscheiden sich eindeutig von den oben beschriebenen Jungen: „Manuela" entzieht sich in fast jeder Unterrichtsstunde für längere Zeit dem Unterricht unter dem Vorwand, auf die Toilette zu gehen, während sie in Wirklichkeit rauchen geht. Als ihr verboten wird, die Toilette aufzusuchen, protestiert sie lautstark. Ein anderes Mädchen hingegen beteiligt sich nicht an Kleingruppenarbeit oder stört dabei ihre Mitschüler_innen. Der Lehrperson gegenüber verweigert sie wiederholt das Gespräch und schweigt auch, wenn sie direkt angesprochen wird.[137]

Viel stärker wird dieses Ungleichgewicht bei Biller (1981) deutlich. Dieser wählt für die von ihm dargestellten und untersuchten Beispiele für durch Kinder ausgelöste Störungen des Unterrichts ausschließlich Jungen aus, darunter unter anderem erneut Störungen durch aggressives Verhalten gegenüber Mitschülern, Provokationen der Lehrperson, das Nichtbefolgen von Arbeitsanweisungen und Zwischenrufe.[138]

Ein sehr ähnliches Schema lässt sich auch bei Keller beobachten.[139] Hier sind insgesamt

---
[137] vgl. Becker 2006, S.132ff.
[138] vgl Biller 1981, S.138ff.
[139] vgl. Keller 2008, S.23f.

vier der fünf beschriebenen Fallbeispiele von Unterrichtsstörungen durch Jungen verursacht: Ein Drittklässler fällt regelmäßig auf, weil er körperlich unruhig ist, er zappelt und schaukelt auf dem Stuhl. Er ist unaufmerksam, bekommt Arbeitsaufträge nicht mit und ruft unaufgefordert Antworten auf Fragen der Lehrerin heraus. „Marcus", ein Hauptschüler,, „spielt den Klassenclown, gibt mit Absicht dumme Antworten, gibt Tierlaute von sich, rülpst und furzt"[140]. Das dritte Fallbeispiel ist ein Schüler, der regelmäßig patzig auf Zurechtweisungen reagiert, allen Lehrer_innen wiederholt durch provokative Bemerkungen auffällt und demonstrativ unaufmerksam ist. Seine Verhaltensweise wird allgemein als aggressiv beschrieben. Wieder unterscheidet sich das Fallbeispiel des Mädchens von den drei anderen Beispielen. „Petra", eine Fünftklässlerin, fällt erst auf, wenn man sie aufruft und es deutlich wird, dass sie mit ihren Gedanken irgendwo anders ist. Sie ist „obwohl körperlich anwesend, [...] geistig abwesend"[141].

Implizit lässt sich lediglich anhand dieser Beispiele offenbar ein Trend feststellen: Das Störverhalten von Mädchen und Jungen scheint sich voneinander insofern zu unterscheiden, als dass Jungen tendenziell nicht nur häufiger, sondern auch stärker und auffälliger den Unterricht stören als Mädchen. Hier stellt sich folglich die Frage nach empirischen Belegen dafür, dass mehr Unterrichtsstörungen tatsächlich von Schülern ausgehen und dass es geschlechtsspezifische Unterschiede im Hinblick auf Formen von Störungen gibt. Dieser Frage soll im Folgenden nachgegangen werden.

3.3 Unterrichtsstörungen durch Jungen

Betrachtet man die in der Fachliteratur dargestellten geschlechtsspezifischen Unterschiede im Hinblick auf das Benehmen in der Schule, wird deutlich, dass primär den Jungen Disziplinprobleme und störendes Verhalten nachgesagt wird. So gibt Ulich an, dass Jungen sowohl in den Primar- als auch in den weiterführenden Schulen „deutlich häufiger als Mädchen Ermahnungen und Strafen wegen mangelnder Disziplin auf sich [ziehen]"[142]. Auch Shelton bestätigt unter Bezugnahme auf in Großbritannien durchgeführte Studien, dass Disziplinprobleme eher bei Jungen beobachtet werden.[143] Schon in den 1980er-Jahren wird die Beobachtung gemacht, dass Jungen

---

140 Keller 2008, S.23
141 ebd.
142 Ulich 2001, S.111.
143 vgl. Shelton 2008, S.138.

„durchschnittlich öfter und länger als Mädchen [reden], sie unterbrechen häufiger und schreien wesentlich öfter ungefragt dazwischen. Ihre Wortmeldungsinhalte beziehen sich oft nicht direkt auf das Thema. Jungen (bzw. ein Teil der Jungen) stören so im Durchschnitt häufiger den Unterricht, sie sind lauter und verhalten sich allgemein ‚disziplinloser' als Mädchen."[144]

Ebenfalls aus der Zeit stammt die von Enders-Drägässer und Fuchs im Auftrag des Hessischen Instituts für Bildungsplanung und Schulentwicklung (HIBS) durchgeführte Interaktionsstudie, für die Lehrerinnen verschiedener Schulformen und Fächer interviewt wurden.[145] Auch in diesen Interviews wird das störende Jungenverhalten oftmals thematisiert und kritisiert. So beschreibt eine der befragten Lehrerinnen es als lähmend „wenn ein Schüler die Kommunikationsstrukturen innerhalb des Kurses (...) ständig (...) kaputt macht, unterbricht, abwehrt"[146]. Eine weitere Lehrerin trifft die Aussage, dass Jungen in der Grundschule Gesprächsregeln erst einmal gar nicht beachten würden[147], während eine andere Grundschullehrerin einen drastischen Unterschied im geschlechtsspezifischen Verhalten der Kinder beschreibt:

„Du kannst wirklich davon ausgehen, daß diejenigen, die dir das Leben schwer machen, in großer Ausschließlichkeit Jungen sind. Es gibt kaum Mädchen ... sie sind immer diejenigen, die angepaßter sind an die schulischen Bedingungen und die auch die Arbeitsaufträge erfüllen, während Du eigentlich immer hinter de Jungens herrennst."[148]

Dass die Beobachtungen und Ergebnisse von Enders-Drägässer und Fuchs nach wie vor aktuell sind, zeigt sich auch in neueren Untersuchungen. So bestätigen Thies/Röhner (2000), dass es „Mädchen sind, die für die Aufrechterhaltung der Arbeitskultur und des sozialen Klimas sorgen, während Jungen vergleichsweise häufig stören"[149]. Auch Trautwein/Köller/Baumert (2004) untermauern diese Aussage mit Bezug auf ihre Längsschnittstudie mit über 4000 Schüler_innen zwischen der 7. und 10. Klassenstufe.
[150]

Zusätzlich lässt sich anführen, dass auch die Deutsche Kinder- und Jugendstiftung in ihrem Programm zur Jungenförderung vermerkt, dass Unterrichtsstörungen häufiger von Jungen ausgehen.[151] Einen weiteren Blickpunkt zeigt die mit Sechsklässler_innen durchgeführte Untersuchung von Gluszczynski und Krettmann (2006) auf. Hier wurde festgestellt, dass fast die Hälfte der Mädchen (49%) angeben, sich durch die von Jungen

---
144 Enders-Drägesser/Fuchs 1988, S.22.
145 vgl. Enders-Drägässer/Fuchs 1989
146 ebd, S.78.
147 vgl. Enders-Drägässer/Fuchs 1989 S.79.
148 ebd., S.81.
149 Thies/Röhner 2000, S. 177.
150 vgl. Kuhn 2008, S.64.
151 vgl. Deutsche Kinder- und Jugendstiftung o.J. (online)

verursachten Unterrichtsstörungen abgelenkt zu fühlen, während lediglich 15% der Jungen Unterrichtsstörungen durch Mädchen zu bemängeln haben.[152] Zwar sagt diese letzte Erkenntnis nichts darüber aus, ob Jungen tatsächlich vergleichsweise mehr stören als Mädchen, allerdings ist sie insofern relevant, als dass sie zeigt, wie die Mitschülerinnen das störende Verhalten der Jungen wahrnehmen. In diesem Zusammenhang lässt sich auch die These aufstellen, dass es durchaus auch stille Jungen gibt, die sich durch das Verhalten ihrer Mitschüler gestört fühlen, wobei zu diesem Aspekt bis dato keine Studienergebnisse vorliegen, die dies bestätigen oder widerlegen könnten. Auch das aggressive Verhalten der Jungen in der Schule ist ein Problem für den Unterricht. So beschreiben die Lehrerinnen in Enders-Dragässer/Fuchs, dass es vor allem die Jungen sind, die zu Aggressionen neigen und Disziplinverstöße auch körperlich inszenieren. Dieses aggressive Verhalten zeige sich dabei sowohl in Form von offener körperlicher Gewalt gegenüber Mitschülern und Mitschülerinnen, als auch subtiler durch Respektlosigkeit gegenüber der Lehrperson, sowie im Boykottieren des Unterrichts.[153] Jungen stellten dabei besonders für weibliche Lehrkräfte eine Herausforderung dar. So konnte auch Mand (1995) feststellen, dass Aggressionen im Schulalltag „vor allem als Problem von Jungen, oder genauer vor allem als Problem zwischen Jungen und Lehrerinnen"[154] zu betrachten sind. Singer und Spiel (1997) stellen ebenfalls fest, dass das Aggressionsausmaß bei Schülern höher ist als bei Schülerinnen.[155]

Auffällig ist, dass sich das problematische, negativ auffallende Verhalten, welches bei Jungen beschrieben wird, in direkten Formen, wie dem lauten Dazwischenrufen, dem Nichteinhalten von Gesprächsregeln und aggressiven Handlungen äußert. Genauer scheinen Jungen also überwiegend ein schulisches Störverhalten zu zeigen, dass sich in drei der fünf von Keller herausgearbeiteten Erscheinungsformen von Unterrichtsstörungen wiederfindet. Sie werden häufig als laut beschrieben, stören also *akustisch*. Weiterhin zeigt sich, dass Jungen ebenfalls häufig im Bereich der *motorischen Störungen* vertreten sind. Diese beiden Formen der Unterrichtsstörungen fallen in die Kategorie der Aktiven Unterrichtsstörungen nach Nolting. Auch die dritte Erscheinungsform, die *Aggressionen*, zeigen sich offensichtlich häufiger bei Jungen als bei Mädchen. Diese fallen in die Kategorie der Störungen der Schüler-Schüler-Interaktion und Lehrer-Schüler-Interaktion.

---

152 Gluszczynski/Krettmann 2006, zitiert nach Koch-Priewe et.al. 2009, S.21.
153 Enders-Dragässer/Fuchs 1989, S.84ff.
154 Mand 1995, S.93.
155 vgl. Singer/Spiel 1998, S..225.

3.4 Unterrichtsstörungen durch Mädchen

Während alle empirische Untersuchungen, die den Faktor Geschlecht in Verbindung mit Unterrichtsstörungen betrachten, zu dem Schluss kommen, dass Jungen den Unterricht tendenziell häufiger stören als Mädchen bzw. auch von Lehrpersonen und Mitschülerinnen als Hauptverursacher von Störungen wahrgenommen werden, wird in der Forschung explizit kaum auf durch Mädchen verursachte Unterrichtsstörungen eingegangen. Dies bedeutet jedoch keinesfalls, dass Mädchen nicht ebenfalls störendes Verhalten in der Schule an den Tag legen. In den wenigen Fällen, in denen Unterrichtsstörungen durch Mädchen allerdings beschrieben werden, fällt auf, dass sich diese in ihrer Tendenz von dem Störungsverhalten der Jungen unterscheiden.
So konnte ein befragter Lehrer in der Untersuchung von Eberhard (2010) beobachten: „Buben stören mehr allgemein, die Mädchen reden mehr."[156] Auch Glöckel berichtet von Mädchen, die „unaufhörlich schwätzen"[157]. Ergänzend dazu stehen die Beobachtungen von Meier. Dieser beschreibt eine subtilere Form der Unterrichtsstörung durch Mädchen aus einer siebten Klasse, nämlich dem Lesen und Schreiben sogenannter „Briefbüchlein" während des Unterrichts.[158] Diese Praxis zeichne sich allerdings dadurch aus, dass sie „die Unterrichtsordnung nicht stören und daher auch von den Lehrerinnen und Lehrern nicht wahrgenommen [werde]"[159]. Auch die Kommunikation via kleiner Briefchen, die im Unterricht hin- und hergereicht werden, wird als typisch weibliche Unterrichtsstörung betrachtet.[160]
Interessant ist in diesem Zusammenhang auch, dass selbst von Mädchen, bei denen ein „Aufmerksamkeits-Defizit-Syndrom" (ADS) festgestellt wurde, im Gegensatz zu ihren männlichen Mitschülern weitaus seltener direkte Unterrichtsstörungen ausgehen. Vielmehr äußere sich das Syndrom dann „nicht durch Hyperaktivität und Aggressivität, sondern häufig als Abwesenheit und Verträumtheit"[161].
Dennoch wird bestätigt, dass Aggressivität nicht per se als männliche Eigenschaft betrachtet werden darf. Wie ihre männlichen peers empfinden Mädchen Ärger, Wut und Aggressionen. Allerdings scheinen es geschlechtsspezifische Unterschiede in den Erscheinungsformen dieser negativen Gefühle zu geben. So bestätigt Petermann:

---
156 Eberhard 2010, S. 534. (online)
157 Glöckel 2000, S.105.
158 vgl. Meier 2011, S.142.
159 vgl. ebd.
160 vgl. Studienseminar Koblenz (online)
161 Böhmann/ Hoffmann 2002, S.36.

„Jungen bevorzugen vor allem direkte, körperliche Aggressionen (z.B. Prügeln), somit Verhaltensweisen, die dem Beobachter direkt ins Auge fallen. Bei Mädchen hingegen ist die Aggression weniger gut beobachtbar. Sie bedienen sich verstärkt indirekter Aggressionsformen [...]."[162]

Es fällt also auf, dass Mädchen in der Tendenz sowohl subtiler den Unterricht stören als Jungen, sowie dass ihre aggressiven Gefühle subtilere, weniger direkten Erscheinungsformen haben. Somit scheint ihr Verhalten häufig für den Unterricht und die Lehrperson eine geringere Belastung darzustellen als etwa laute Zwischenrufe und Provokationen seitens einiger Jungen. Obwohl Mädchen ebenfalls an Unterrichtsstörungen beteiligt sind, lässt sich feststellen, dass diese weniger auffällig sind als die der Jungen. Mädchen zeigen also am häufigsten Formen von Unterrichtsstörungen, die in die Kategorien *geistige Abwesenheit* oder *Verweigerung* fallen. Die bei Mädchen häufiger beobachteten Störungen lassen sich somit dem zweiten Typus der Unterrichtsstörungen zuordnen, den Passiven Unterrichtsstörungen, die häufig gar nicht erst als Störung wahrgenommen werden. Diese Tatsache erklärt vermutlich auch, weshalb schulische Disziplinprobleme von Mädchen in der Forschung zu Unterrichtsstörungen nicht als große Problemfälle behandelt werden und im Gegensatz zum Jungenverhalten weniger Aufmerksamkeit erhalten.

3.5 Schlussfolgerungen

Betrachtet man die empirischen Befunde und persönliche Erfahrungswerte im Bezug auf Unterrichtsstörungen von Mädchen und Jungen, so fällt auf, dass es durchaus Unterschiede im männlichen und weiblichen Störverhalten gibt: sowohl hinsichtlich der Häufigkeit als auch im Ausmaß der Störungen sind die Jungen den Mädchen in der Regel voraus. Da die Unterrichtsstörungen, die meist von Jungen ausgehen, sowohl den Störenden selbst, als auch den Mädchen und ruhigen Jungen das Lernen erschweren, sollte man diese durchaus als ernstzunehmendes Problem betrachten und das geschlechtsspezifische Störverhalten nicht als gegebene, unverrückbare Tatsache abtun. Wie also kommt es zu Geschlechtsspezifika beim Störverhalten? Hier könnte man einerseits argumentieren, dass es in der Natur von Jungen und Mädchen läge, sich unterschiedlich zu verhalten – gemäß dem Motto: „Mädchen sind eben ruhiger und Jungen halt wilder." Diese Einstellung ist – vor allem für Lehrkräfte – im Grunde unzulässig, da sie die Gefahr birgt, dass geschlechtsspezifisches Verhalten nicht

---
162 Petermann 1999, S.13.; hierzu auch: Björkqvist et al. 1992.

hinterfragt, sondern unreflektiert akzeptiert wird. Wenn also beispielsweise problematisches Jungenverhalten von Lehrpersonen toleriert wird, da davon ausgegangen wird, dass Jungen „nun mal so sind", so wird Ungleichheit geschaffen, indem man Jungen – auch auf Kosten der Mädchen – mehr durchgehen lässt. Biologistische Erklärungsansätze verwehren Lehrkräften also lediglich Handlungsmöglichkeiten. Zusätzlich gibt es guten Grund zur Annahme, dass mehr hinter geschlechtsspezifischem Verhalten – in diesem Fall geschlechtsspezifischen Unterrichtsstörungen steckt, als lediglich die „Natur": Die Rede ist hier von Sozialisations- und doing-gender-Prozessen.

Betrachtet man die unterschiedlichen Formen von Unterrichtsstörungen, die jeweils von Mädchen und Jungen ausgehen, so lassen sich die Ergebnisse folgendermaßen zusammenfassen:

- Jungen stören den Unterricht häufiger als Mädchen.
- Jungen werden häufiger als Mädchen von Lehrpersonen ermahnt.
- Jungen bevorzugen direkte Formen von Unterrichtsstörungen (sie stören primär akustisch, motorisch, durch aggressives Verhalten)
- Jungen zeigen ihre Aggressionen auch im Unterricht offen.
- Mädchen bevorzugen subtile Formen von Unterrichtsstörungen (sie stören primär durch Verweigerung und geistige Abwesenheit sowie durch Privatgespräche).
- Mädchen sorgen während des Unterrichts häufiger für die Erhaltung des sozialen Klimas.

Es fällt bei dieser Aufstellung eindeutig auf, dass dieses Verhalten von Jungen und Mädchen stark den gesellschaftlich vorherrschenden Geschlechterrollen entspricht: Jungen verhalten sich auffälliger, lauter, aggressiver und somit auch „männlicher", während Mädchen sich sozialer und ruhiger verhalten, ihre Aggressionen nicht offen zeigen und vor allem durch ihr „Quatschen" negativ auffallen – sie sind in dieser Hinsicht eindeutig stereotyp weiblich.

Erklären lässt sich dieser Umstand sicherlich dadurch, dass Mädchen und Jungen in unserer Gesellschaft meist unterschiedlich sozialisiert werden. So werden Jungen seitens der Eltern häufig mehr Freiheiten zugestanden; sie werden sowohl durch Spielsachen als auch durch Freizeitaktivitäten dazu ermutigt, sich auszutoben, laut zu sein, selbstbewusst zu sein. Körperliche Auseinandersetzungen und Gewalt werden bei ihnen nicht so stark reglementiert wie bei den Mädchen, schließlich ist auch Aggressivität ein nach wie vor weitläufig akzeptierter Teil der vorherrschenden Männerrolle. Vor diesem Hintergrund scheint es nicht ungewöhnlich, dass viele Jungen und junge Männer in der Schule Probleme damit haben, sich unterzuordnen, Regeln zu befolgen, nicht körperlich aktiv zu werden oder ungefragt dazwischen zu rufen. Immerhin haben sie im Zuge ihrer Sozialisationsprozesse gelernt, dass Jungen sich „jungenhaft" zu verhalten haben und nicht zwangsläufig brav zu sein.

Mädchen wiederum lernen schon früh, wie sie sich „mädchenhaft" zu verhalten haben. So wird von Eltern und Bezugspersonen überwiegend nicht toleriert, dass Mädchen sich prügeln. Sie werden zu einem Spiel- und Umgangsstil erzogen, der ruhig, unauffällig, sozial ist. Mädchen lernen so, dass es nicht „weiblich" ist, laut zu brüllen, zu stören, übermäßig auf sich aufmerksam zu machen. Sie sind zudem aufgrund ihrer erlernten und bevorzugten Freizeitaktivitäten eher als Jungen daran gewöhnt, lange still zu sitzen und sich – wenn sie nicht am Unterrichtsstoff interessiert sind – Tagträumen hinzugeben. So wird dieses sozialisierte Verhalten auch darin deutlich, wie Mädchen den Unterricht stören – oder eben nicht stören.

Diese Verhaltensweisen von Mädchen und Jungen sind von klein auf anerzogen und erfahren immer wieder Bestätigung. Sie erfolgen unbewusst und automatisiert, so dass sie durchaus irrtümlich für „natürlich" gehalten werden könnten. Allerdings sollte man beachten, dass Jungen und Mädchen schon früh um die gesellschaftlichen Anforderungsmerkmale ihres Geschlechts wissen und von ihrer Umwelt auch als richtiger Junge bzw. richtiges Mädchen wahrgenommen werden wollen. So beginnen sie auch schon früh, sich in sozialen Situationen selbst zu inszenieren, sich also unbewusst wie bewusst vor anderen zu Jungen/Männern bzw. Mädchen/Frauen zu machen. Diese geschlechtliche Selbstinszenierung scheint sich bei Schülerinnen und Schülern dabei auch stark in ihrem Störverhalten im Unterricht zu zeigen.

Jungen inszenieren ihre Männlichkeit dadurch, dass sie sich in der Schule möglichst „cool" geben – dazu gehört nun mal auch, sich Autoritäten zu widersetzen, Regeln nicht zu beachten und auf sich aufmerksam zu machen. Werden sie durch die Lehrperson ermahnt, so wird die negative Rückmeldung damit aufgewogen, dass sie etwas Positives aus der Ermahnung ziehen, da diese ihnen auch zeigt, dass sie sich wie ein „richtiger" Junge verhalten. Auch zeigt sich die Männlichkeitsinszenierung sicherlich auch in Form von körperlichen Auseinandersetzungen mit Mitschülern und Aggressionen. So gehört es für viele Jungen dazu, sich auch mal mit anderen Jungen zu prügeln, um ihre

Männlichkeit zu festigen.

Mädchen hingegen inszenieren ihre Weiblichkeit unter anderem damit, dass sie sich mal sozial, mal verträumt zeigen; sie entsprechen so einem gesellschaftlich akzeptierten Weiblichkeitsbild. Sie wissen, dass von ihnen erwartet wird, in der Schule brav, ruhig und aufmerksam zu sein und verhalten sich dementsprechend im Unterricht, zumal ein abweichendes Verhalten nicht wie bei den Jungen durch Anerkennung in der gleichgeschlechtlichen peer group oder durch die Lehrperson belohnt wird. Sie inszenieren also keine oder nur wenige direkte und auffällige Unterrichtsstörungen, da störendes Verhalten nicht in das weibliche Spektrum fällt.

4. Die Rolle der Lehrperson

4.1 Aufmerksamkeitsverteilung

In der Regel wird von Lehrpersonen erwartet, dass sie Jungen und Mädchen gleich behandeln. So herrscht sicherlich Konsens darüber, dass Lehrerinnen und Lehrer durch ihr Verhalten niemanden aufgrund ihrer Geschlechts bevorzugen bzw. benachteiligen sollten. Untersuchungen wie die von Andrea Hilgers (1994) zeigen auch tatsächlich, dass Lehrer_innen in Befragungen von sich selbst behaupten, Geschlechterstereotype abzulehnen und keine unterschiedlichen Verhaltenserwartungen an Mädchen und Jungen zu haben. Trotz dessen stellt Hilgers fest, dass die Lehrer_innen Jungen und Mädchen im Hinblick auf Bewertungen und Interaktionen unterschiedlich behandeln.[163] In diesem Zusammenhang wird deutlich, dass direkte Befragungen von Lehrpersonen mittels Fragebögen oder Interviews nur wenig Aussagekraft haben können, wenn es darum geht, zu ermitteln, ob Verhaltensunterschiede hinsichtlich des Geschlechts der Schüler_innen tatsächlich vorliegen, da Geschlechterstereotype und -vorurteile häufig unbewusst wirken. Die einzige quantitative deutschsprachige Studie, die sich detailliert mit dieser Thematik befasst, ist die „Untersuchung zu geschlechtsspezifischen Unterschieden im Lehrer/innenverhalten gegenüber Jungen und Mädchen in der Grundschule"[164] von Frasch und Wagner (1982). Hierbei wurden in zwei Durchläufen in insgesamt 47 Klassen des vierten Schuljahres 22 Lehrer und 28 Lehrerinnen bei ihrem Interaktionsverhalten in Unterrichtsstunden in den Fächern Mathematik, Deutsch und Sachkunde beobachtet, wobei diese nicht über das Forschungsvorhaben informiert wurden. Die beiden Forscherinnen kamen dabei zu einem eindeutigen Befund: Jungen erhalten von den Lehrpersonen deutlich mehr Aufmerksamkeit als Mädchen. Im Folgenden werden die konkreten Ergebnisse der Untersuchung kurz dargestellt:

- Obwohl keine signifikanten Unterschiede in der Häufigkeit, mit der sich Jungen und Mädchen melden, bestehen, werden Jungen wesentlich öfter von den Lehrer_innen aufgerufen als Mädchen. Auch werden Jungen signifikant häufiger drangenommen, ohne dass sie sich melden.
- Jungen werden häufiger gelobt als Mädchen. Dies gilt sowohl in Relation zur Schülerzahl als auch zur Häufigkeit, mit der sie sich melden.

---
163 vgl. Hilgers 1994, S. 164f.
164 vgl. Frasch/Wagner 1982, S.262ff.

- Jungen werden signifikant häufiger getadelt und mehr als doppelt so oft wie Mädchen wegen „mangelnder Disziplin" ermahnt. Im Hinblick auf den Disziplintadel zeigten die Untersuchungsergebnisse die größten Unterschiede.
- In den Fächern Sachkunde und Mathematik zeigt sich die unterschiedliche Behandlung von Mädchen und Jungen am deutlichsten, in Deutsch ist sie weniger stark ausgeprägt.[165]

Auch im Hinblick auf das Geschlecht der Lehrpersonen zeigte die Untersuchung interessante Resultate. So könnte man vielleicht erwarten, dass Lehrerinnen und Lehrer Schüler_innen des eigen Geschlechts bevorzugen und ihnen entsprechend mehr Aufmerksamkeit schenken. Laut Frasch und Wagner ist dies allerdings keineswegs der Fall. So schenkten Lehrpersonen beider Geschlechter den Jungen eindeutig mehr Beachtung. Es stellte sich heraus, dass Lehrerinnen bei Einzel- und Gruppenarbeiten wesentlich häufiger Jungen als Mädchen ansprechen. Insgesamt zeigte sich, dass Lehrer allerdings noch etwas stärker dazu tendieren, Schüler mehr zu beachten, allerdings sei dieser Unterschied nicht stark ausgeprägt. Zusammenfassen lassen sich die Ergebnisse der Studie also folgendermaßen: Jungen erhalten unabhängig von dem Geschlecht der Lehrperson signifikant mehr positive als auch negative Aufmerksamkeit im Unterricht. Die Tatsache, dass Jungen den Unterricht im Gegensatz zu Mädchen häufiger aktiver stören, führt also ebenfalls dazu, dass ihnen von Lehrerinnen und Lehrern mehr Beachtung zuteil kommt. Diese negative Aufmerksamkeit, so mutmaßen Frasch und Wagner, könne sich dabei sogar positiv verstärkend auf das Verhalten der Jungen auswirken.[166]

Sicherlich können die von den Forscherinnen vor rund 20 Jahren erhobenen Daten nicht pauschalisiert werden; dennoch: Obwohl neuere Untersuchungen diesen Umfangs fehlen, wird bis heute immer wieder bestätigt, dass Jungen im Unterricht tatsächlich mehr Aufmerksamkeit erhalten als Mädchen. So berichten auch Enders-Dragässer/Fuchs:

> „Seitens der Lehrperson wird den Jungen mehr Aufmerksamkeit geschenkt. Jungen bekommen mehr Lob und mehr Tadel, mehr Blickkontakt, mehr räumliche Nähe, mehr Rückfragen und Rückmeldungen als Mädchen. Dies korrespondiert wohl damit, dass Jungen in gemischten Klassen das Unterrichtsgeschehen beherrschen.[167]"

---

165 vgl. Frasch/Wagner 1982, S.262ff.
166 vgl. ebd, S.275.
167 Enders-Dragässer/Fuchs 1989, S.22.

Auch Kaiser stellt anhand eigener Beobachtungen in kleinerem Rahmen eine Interaktionsdiskrepanz zugunsten der Jungen fest.[168] Reiss (2000) interpretiert aus mit Lehrer_innen geführten Interviews ebenfalls, dass diese den männlichen Schülern mehr Aufmerksamkeit entgegen bringen[169]; so konnte sich ein Lehrer beispielsweise nach fast 150 unterrichteten Stunden in einer Klasse an die Namen einzelner Mädchen nicht erinnern, während er in der Lage war, einzelne Jungen spontan zu charakterisieren kann.[170] Die Grundannahme, dass Jungen mehr Aufmerksamkeit seitens der Lehrkräfte erfahren, bleibt offensichtlich bis dato bestehen.[171] Wiederholt wird bestätigt, dass die Aufmerksamkeitsverteilung in der Regel bei etwa 2/3 zugunsten der Jungen liegt, so dass kurz gefasst auch von einem „Zwei-Drittel-Aufmerksamkeitsgesetz" gesprochen wird.[172] Inwiefern sich diese Aufmerksamkeitsdiskrepanz auf das Selbstvertrauen und -bewusstsein von Schülerinnen und Schülern auswirkt, soll konkreter in Kapitel 5 dargestellt werden.

4.2 gendering-Prozesse

Lehrerinnen und Lehrer haben einen großen Anteil an der Prägung des Schulalltags. Sie sind nicht nur für die Wissensvermittlung zuständig, sondern wirken auch aktiv an der Entwicklung der Schulkultur mit, indem sie die Schule zu einem „Ort der pädagogischen Ausgestaltungs- und Interventionsmöglichkeiten"[173] machen. Somit sind viele Lehrkräfte zwangsläufig auch an gendering-Prozessen beteiligt. Dennoch gibt es bislang überraschenderweise kaum Untersuchungen, die sich mit der Frage, wie Lehrkräfte Geschlecht (mit)machen auseinander setzen. Aus diesem Grund wird im Folgenden primär auf eine Studie von Jürgen Budde (2005) Bezug genommen.
Budde unterscheidet zwischen drei Positionen von Lehrkräften. Die erste ist die der Lehrerinnen und Lehrer, die meinen, in ihrem Unterricht Geschlecht nie zu thematisieren, ihn also als „genderfrei" sehen. Solche Lehrpersonen seien laut dem Autor allerdings ebenfalls an der Konstruktion von Geschlecht und Geschlechterstereotypen beteiligt. Die zweite Position beschreibt diejenigen Lehrpersonen, die um die Differenz zwischen Schülerinnen und Schülern wissen und

---

168 vgl. Kaiser 1994, zitiert nach Kaiser 2009, S.98.
169 vgl. Reiss 2000, zitiert nach Kampshoff 2007, S.171.
170 vgl. ebd. S.170.
171 vgl dazu: Zimmermann 2003, S.149.
172 vgl. Faulstich-Wieland 1995, S.126.
173 Budde 2005, S.181.

diese routiniert und professionell in ihren Unterricht einbinden. Bei der dritten Position handelt es sich um Lehrerinnen und Lehrer, die die geschlechtliche Differenz offen thematisieren und von sich behaupten, einen geschlechtersensiblen Anspruch zu haben.[174] Allerdings führe solch ein Anspruch in der Realität häufig nicht zwangsläufig zur Geschlechtergerechtigkeit, da ihm stereotype Vorstellungen über Geschlecht zugrunde gelegt werden.[175] Lehrerinnen und Lehrer sind somit häufig an der Dramatisierung von Geschlechterstereotypen beteiligt.[176] Da hierbei die geschlechtlichen Konstruktionsprozesse am deutlichsten werden, soll in diesem Kapitel lediglich diese dritte Position besprochen und anhand spezieller Beispiele verdeutlicht werden, wie sich Lehrkräfte am doing gender beteiligen und welche negativen Konsequenzen dies für Schülerinnen und Schüler haben kann.

Um die Konstruktionsprozesse zu untersuchen, wurden für Buddes Untersuchung drei Gymnasialklassen über einen Zeitraum von drei Jahren hinweg begleitet und Interviews mit den Lehrerinnen und Lehrern durchgeführt. Es handelte sich dabei um eine jungendominante, eine mädchendominante und eine ausgewogen zusammengestellte Klasse.

Bereits in den Interviews machten sich bei den Charakterisierungen der jeweiligen Klasse schon erste gendering-Prozesse der Lehrkräfte bemerkbar. In den Gesprächen über die jungendominante Klasse zeigte sich, dass viele Lehrkräfte eine Verbindung zwischen Jungendominanz und Problemen in der Klasse sahen. So wurden die vergleichsweise schlechteren Leistungen darauf zurückgeführt, dass es eine Jungenmehrheit gab, man beklagte sich über die stillen und zurückhaltenden Mädchen und postulierte die Notwendigkeit, „den Jungen mal zu zeigen, wer hier der Chef ist"[177].

Auch die Lehrerinnen und Lehrer der mädchendominanten Klasse stellten das Geschlecht bei ihren Beschreibungen in den Vordergrund. So galt die Klasse zwar als sehr leistungsstark, gleichzeitig allerdings auch als laut und faul. Letztere Eigenschaften wurden dabei vor allen den Jungen der Klasse zugeschrieben. Interessant ist auch, dass der Klassenlehrer einzelne Mädchen aus der Klasse herausstellte, da sie nicht das von im erwartete Verhalten zeigten: diese wurden kritisiert, da sie „nicht so brav und nicht so fleißig wie Mädchen üblicherweise"[178] seien. Der Lehrer zeigte in diesem Fall also deutlich, dass er konkrete Vorstellungen darüber hat, wie Mädchen und Jungen zu sein haben, die sehr klar den traditionellen Geschlechterrollen entsprechen.

---

174 vgl. Budde 2006, S.51.
175 vgl. Faulstich-Wieland 2005, S.9. (online)
176 vgl. Budde, S.51.
177 vgl. ebd. S.52.
178 vgl. ebd.

Auch die Lehrerinnen und Lehrer aus der ausgewogen zusammengestellten Klasse zeigten eindeutig geschlechterstereotype Zuschreibungen bei der Klassencharakterisierung. Die Jungen, so die Lehrkräfte, „kabbeln" sich eher, Mädchen hingegen „quatschen".[179] Im Hinblick auf Unterrichtsbeiträge von Schülerinnen und Schülern wurden ebenfalls klare Unterscheidungen getroffen: Mädchen wurden hierbei als fleißig und ruhig, Jungen hingegen als wissend und pfiffig beschrieben.[180] Auch an diesem Beispiel zeigen sich eindeutig stereotype Einstellungen der Lehrpersonen. Gute Leistungen von Mädchen werden nicht auf ihren Intellekt, sondern auf ihren Fleiß zurückgeführt, während Jungen unterstellt wird, dass diese von Natur aus clever sind und eben aus diesem Grund gute Unterrichtsbeiträge leisten könnten.

Nehmen Lehrerinnen und Lehrer bei der Beschreibung ihrer Klassen bereits so deutlich Bezug auf das Geschlecht der Schülerinnen und Schüler, so liegt die Vermutung nahe, dass sich auch im Unterricht doing-gender-Prozesse seitens der Lehrpersonen erkennbar machen, in denen Geschlechterstereotype reproduziert werden. Dies bestätigen weiterhin auch die Untersuchungsergebnisse von Budde.

Die Ungleichbehandlung von Schülerinnen und Schülern zeigte sich beispielsweise darin, dass einige Lehrkräfte dazu neigten, eine mädchenprotegierende Position einzunehmen. Konkret lässt sich dies an einem Beispiel aus dem Englischunterricht deutlich machen. Aufgabe der Schülerinnen und Schüler war es hier, sich gegenseitig aufzurufen und Fragen zu stellen. Marianne ruft Knut auf und fragt „How long do you have this horrible hairdress?". Zuvor fragt sie die Lehrerin um Hilfe, diese hilft ihr bei der Suche nach der richtigen Vokabel. Knut gibt eine Antwort auf die Frage, ruft daraufhin Marianne auf und kontert mit „Since when do you look like a horse?" Bevor das Mädchen reagieren kann, interveniert die Lehrerin an dieser Stelle und ermahnt Knut, indem sie sagt: „We don't want insulting questions!" Der Protest des Jungen („Sie hat mich hier vorgeführt, so dass ich mich morgen nicht mehr in die Schule traue, und ...") wird von der Lehrkraft dabei ironisch abgewertet: „Yes, I know, because you are so shy!"[181]

Sowohl das Mädchen als auch der Junge haben in dieser Situation jeweils eine beleidigende Frage gestellt, die Reaktion der Lehrkraft darauf ist allerdings frappierend unterschiedlich. Während Marianne, die die Interaktion sogar initiiert hat, sowohl fachlich unterstützt als auch vor der Frage des Jungen in Schutz genommen wird, wird Knut durch die Lehrerin diszipliniert, sein Beitrag unterbunden. Er musste zuvor zwar

---
179 vgl. Budde 2006, S.52.
180 vgl. ebd.
181 Für das komplette Protokoll vgl. Budde 2005, S.5187f.

Mariannes Frage beantworten, sie seine allerdings nicht.

Durch die ironische Reaktion der Lehrerin auf Knuts Protest greift diese laut Budde ebenfalls auf Geschlechterstereotype zurück. Budde beobachtet:

> „In dem Moment, wo Knut gegen die stereotype Männlichkeitserwartung der Lehrerin verstößt, weil er eine, durch Mädchen erlittene, Ungerechtigkeit anprangert, nimmt sie ihn nicht mehr ernst. Entweder verhält er sich offensiv, dann wird er von der Lehrerin gemahnt, sich unterrichtskonform zu verhalten, oder er verhält sich unmännlich, dann wird er von der Lehrerin ironisiert. Er erfüllt dann nicht ihr geschlechtliches Stereotyp über das zu erwartende Verhalten von Jungen."[182]

Das Verhalten der Lehrerin in dieser Situation zeigt, dass diese eine auf Geschlechterstereotypen basierende Vorstellung von Jungen und Mädchen hat. Jungen werden von ihr als aggressiv wahrgenommen, sie können gar nicht schüchtern sein. Mädchen hingegen müssen vor Jungen beschützt werden. Dieses Ungleichgewicht ist dabei sicherlich sowohl für Jungen als auch für Mädchen ein Nachteil. Einerseits werden Jungen durch solch ein Lehrerverhalten pauschal in die Täterrolle gedrängt, sie dürfen sich Mädchen gegenüber weniger erlauben als andersrum. Andererseits werden Mädchen dadurch, dass sie von Lehrkräften stets in Schutz genommen werden, auch bevormundet und in die Opferrolle gedrängt. Sie haben somit gar keine Chance, sich selbst beispielsweise vor aggressiven oder beleidigenden Kommentaren von Jungen zu behaupten.

Das zweite Beispiel für gendering-Prozesse von Lehrkräften stammt aus der erwähnten jungendominanten Klasse. Diese sollte für ein Vierteljahr aufgeteilt werden; während die eine Hälfte der Klasse zwei Stunden pro Woche Computerunterricht erhalten sollte, sollte die andere Hälfte parallel am Deutschunterricht teilnehmen. Bei der Besprechung dieses Planes entsteht in der Klasse folgende Situation:

> „Achmed fragt, wie die Gruppen eingeteilt werden. Nathalie wirft ein: ‚Nach Alphabet'. Sven meint: ‚Jungen und Mädchen getrennt'. Frau Böttcher geht nicht darauf ein und führt aus: ‚Das haben wir schon beschlossen' […] Eine Weile später fragt Achmed noch mal danach, wie die Gruppenaufteilung aussieht. Die Lehrerin sagt: ‚Die Mädchen wollen zusammenbleiben und das werden sie auch'. Sven meint süffisant: ‚Die Jungen auch'. Die Lehrerin sagt entschieden: ‚Nee', und stützt sich wohl darauf, dass dies bei der hohen Anzahl der Jungen nicht möglich sei."[183]

Nathalie schlägt zunächst vor, die Klasse nach einer willkürlichen, nicht vom Geschlecht abhängigen Kategorie aufzuteilen. Sven macht allerdings den Vorschlag zur Trennung nach Geschlechtern. Budde weist in diesem Zusammenhang drauf hin, dass

---
182 Budde 2005, S.188.
183 ebd. S.215.

dieser damit nicht zwangsläufig einen Wunsch äußert, sondern sich möglicherweise auf seine Erfahrungen mit Gruppenarbeiten, bei denen Jungen und Mädchen häufig getrennt werden, bezieht[184]. Obwohl sich mindestens ein Mädchen (Nathalie) keine geschlechtergetrennten Gruppen wünscht, entscheidet die Lehrerin über den Kopf der Mädchen hinweg für sie: „Die Mädchen wollen zusammenbleiben und das werden sie auch." Sie handelt somit nicht nicht gemäß eines tatsächlichen, sondern eines unterstellten Bedürfnis der Mädchen. Den vermeintlichen Wunsch von Sven, dass die Jungen ebenfalls unter sich bleiben, weist die Lehrerin sofort mit einem „Nee" ab und erklärt nicht den Grund hierfür. Die Aussage des Jungen wird von ihr nicht ernst genommen, sie signalisiert somit eine gewisse Mädchenparteilichkeit. Auch in diesem Fall steht hinter der Aussage der Lehrerin höchstwahrscheinlich das Geschlechterstereotyp über Mädchen, die es zu beschützen gilt und für die es von Vorteil ist, wenn sie von den Jungen getrennt werden. Zwar glaubt die Lehrerin in dieser Situation sicherlich, im Interesse der Mädchen zu handeln und sie zu unterstützen (evtl. mit dem Gedanken, dass diese aufgrund der Jungendominanz in der Klasse bereits im Nachteil sind), allerdings werden diese - genauso wie die Jungen – durch solch ein Verhalten lediglich bevormundet, die tatsächlichen Wünsche von Schülerinnen und Schülern nicht beachtet.

Gendering-Prozesse von Lehrkräften zeigen sich allerdings nicht nur in solchen komplexen Unterrichtssituationen bzw. -gesprächen, sondern können bereits durch kleine, nebensächliche Bemerkungen von Lehrerinnen und Lehrern in Gang gesetzt werden. Dies geschieht vor allem, wenn Lehrpersonen unvermittelt Geschlecht *dramatisieren*. Unter der Dramatisierung von Geschlecht versteht man dabei „ein offensives ‚In-den-Vordergrund-rücken' und direktes Thematisieren von Geschlecht im Unterricht, bspw. durch Aufgabenstellungen, Wortwahl, Sitzplatzverteilung oder Thematisierung von sozialen Klassenangelegenheiten unter geschlechtsbewusster Perspektive"[185].

Ein Beispiel für solch eine Dramatisierung im Deutschunterricht lässt sich erneut bei Budde finden:

> „Lehrerin: ‚Was sagst du als Mann dazu, geht das: Engelsgesicht und starrer Blick?'
> Schüler: ‚Sicherlich.'
> Lehrerin: ‚Wenn du so ne Frau anguckst, gibt's das?'
> Schüler: ‚Ist mir noch nicht aufgefallen!?'"[186]

---

184 vgl. Budde 2005, S.215.
185 Budde et. al. 2008, S.14.
186 Budde 2005, S.187.

Die Lehrerin fordert hier eine Antwort von dem Schüler ein, indem sie auf seine Geschlechtszugehörigkeit rekurriert und dramatisiert somit Geschlecht. Die Männlichkeit des Schülers wird von ihr explizit hervorgehoben, als sei dieser dadurch eher befähigt die Frage zu beantworten. Dass dies nicht der Fall ist, zeigt sich in der Antwort des Schülers: er widerspricht sich und antwortet nur sehr kurz angebunden und abweisend. Diese explizite Thematisierung des Geschlechts scheint ihm eher unangenehm zu sein. Weshalb die Lehrerin in dieser Situation das Geschlecht in den Vordergrund stellt, ist nicht nachvollziehbar, eine solche Dramatisierung scheint vielmehr völlig unnötig. Die im Unterricht besprochene Thematik knüpft nicht ausschließlich an die Erfahrungswelt von Jungen bzw. Männern an, so dass die Frage genauso gut auch von Mädchen beantwortet werden könnte. Man könnte allerdings vermuten, dass die Lehrerin, auf Basis von geschlechterstereotypen Vorstellungen davon ausgeht, dass männliche Schüler eher über das Äußere von Frauen nachdenken und sich darüber äußern wollen.

Ein ähnliches Beispiel für von Lehrkräften ausgehendem Gendering ist das Einfordern von reinen Mädchen- bzw. Jungenantworten. Dies lässt sich beobachten, wenn Lehrer_innen im Unterricht statt einzelnen Schülerinnen oder Schülern Geschlechtergruppen aufrufen (z.B. „Was meint ihr, Mädels [...]?") Faulstich-Wieland weist in diesem Zusammenhang darauf hin, dass solch ein Verhalten die Gefahr der negativen Stereotypisierung birgt: beantwortet ein Mädchen eine solche Frage falsch, so könnte die Lehrkraft nicht nur den Fehler dieses einzelnen Mädchens in Erinnerung behalten, sondern die Antwort womöglich pauschal als falsche Mädchenantwort erinnern.[187]

Die Gefahr, Antworten einzelner Kinder bzw. Jugendlicher primär als Jungen- oder Mädchenantworten wahrzunehmen, besteht auch in der heute gängigen Praxis, Jungen und Mädchen beispielsweise in Gesprächsphasen stets abwechselnd aufzurufen. Ursprünglich als pädagogische Empfehlung und Reaktion auf Forschungsergebnisse, die die ungleiche Aufmerksamkeitsverteilung zugunsten der Jungen zeigten, zu verstehen[188], hat solch eine Regelung auch Nachteile. So wird das Geschlecht dadurch stark dramatisiert, das Problem der ungleichen Aufmerksamkeitsverteilung allerdings häufig nicht behoben. Stille Kinder – Mädchen *und* Jungen -, die sich nicht melden, erhalten durch solch eine Regelung nicht mehr Aufmerksamkeit, leistungsstarke Kinder können nach wie vor häufig aufgerufen werden. (Vermeintliche)

---

187 vgl. Faulstich-Wieland 2005, S.10. (online)
188 vgl. ebd.

Geschlechtergerechtigkeit wird so über über die tatsächliche Förderung von leistungsschwachen oder sehr ruhigen Jungen und Mädchen gestellt, der Kategorie Geschlecht also unnötigerweise mehr Relevanz eingeräumt, als anderen Kategorien, in denen sich die Kinder stärker voneinander unterscheiden.

Wenn Lehrkräfte Geschlecht dramatisieren, vermitteln sie den Schülerinnen und Schülern häufig (unbewusst) ihre von Stereotypen geprägten Vorstellungen darüber, was als geschlechtsangemessen gilt. Gut deutlich wird dies an folgendem Beispiel aus einem Forschungsprojekt zur sozialen Konstruktion von Geschlecht[189]:

> „[Die Lehrerin] bittet darum, dass sich alle melden sollen, die ihre Hausaufgaben nicht gemacht haben. 7-8 Finger gehen in die Höhe. ‚So, jetzt sagt mir Henning, warum Kurt das Bild versaut', fordert sie Henning lachend auf. Dieser antwortet flugs, dass Kurt der einzige Junge sei. ‚Genau', erwidert die Lehrerin. Sonst habe man das oft genau andersherum, dass die Mädchen die Hausaufgaben hätten und die Jungen nicht, da sie es verschlampt, vergessen, oder so, hätten. Sie lächelt bei dieser Ausführung ihrer Beobachtungen."[190]

Die Lehrerin stellt hier explizit heraus, dass es sehr ungewöhnlich sei, dass so viele Jungen ihre Hausaufgaben gemacht hätten. In der Regel sei es doch so, dass die Mädchen fleißig und gewissenhaft wären, die Jungen hingegen schlampig und vergesslich. Auffällig ist, dass sie dies nicht etwa kritisiert, sondern lediglich als Normalität im Schulalltag darstellt und dadurch nicht nur vermittelt, sondern auch bestärkt, was als geschlechtsangemessenes Verhalten gilt.

Sicherlich lässt sich anmerken, dass die oben beschriebenen Situationen zwar lediglich Beispiele von doing-gender-Prozessen zeigen, solche Situationen im schulischen Alltag allerdings sicherlich keine Einzelfälle darstellen. Es scheint vielmehr – und hier bestätigen persönliche Unterrichtsbeobachtungen sowie Gespräche mit Lehrkräften die Beobachtungen von Budde und Faulstich-Wieland – für Lehrerinnen und Lehrer relativ normal zu sein, Jungen und Mädchen in ihren Klassen sowohl unterschiedlich zu charakterisieren (Bsp: laute Jungen, stille Mädchen), auf Jungen- und Mädchenverhalten unterschiedlich zu reagieren und Verhalten, welches nicht zwangsläufig nutzbringend für den Unterricht ist, aber als geschlechtsadäquat gilt, (unbewusst) zu ermutigen.

Die Frage, welche gendering-Prozesse mit Unterrichtsstörungen von Schülerinnen und Schülern in Verbindung gebracht werden können oder inwieweit doing gender in Reaktionen von Lehrkräften auf Unterrichtsstörungen zu beobachten ist, ist bislang

---
189 vgl. Faulstich-Wieland/ Weber/ Willems 2004
190 Faulstich-Wieland 2005, S.9f. (online)

allerdings noch nicht erforscht worden. Dennoch lassen sich auf Basis der hier herausgearbeiteten Verhaltensweisen von Lehrerinnen und Lehrern, die an geschlechtlichen Konstruktionsprozessen beteiligt sind, Vermutungen über die Wechselbeziehung zwischen gendering-Prozessen und Unterrichtsstörungen aufstellen. Wenn Lehrkräfte also beispielsweise die Jungen in ihrer Klasse als eher laut und störend, die Mädchen hingegen als ruhig und aufmerksam charakterisieren und mit solchen Vorannahmen in den Unterricht gehen, so liegt die Vermutung nahe, dass diese das Verhalten von Schülerinnen und Schülern auch dementsprechend wahrnehmen und einordnen. Wenn z.B. von den Jungen tendenziell Verhalten wie Schlampigkeit, Vergesslichkeit oder eben Unterrichtsstörungen erwartet werden, so werden Lehrkräfte dazu geneigt sein, dies auch verstärkt wahrzunehmen und solch ein Verhalten selektiv zu erinnern; störendes Verhalten von Mädchen würde somit weniger stark registriert werden, zumal diese weniger direkte und auffällige Formen von Störungen bevorzugen. Jungen werden so einerseits als die „Störenfriede" dargestellt, andererseits aber auch von Lehrerinnen und Lehrern in ihrem Verhalten bestärkt.

Natürlich entgeht es den Jungen nicht, dass ihr Verhalten häufig negativ charakterisiert wird[191] und Störungen von ihnen in gewisser Weise erwartet werden. So kann man letztlich auch vermuten, dass hier der behaviorale Erwartungseffekt zum Tragen kommen. Im Sinne einer sich selbst erfüllenden Prophezeiung stören Jungen so den Unterricht stärker, wenn ihnen von Lehrpersonen beispielsweise durch Dramatisierungen von Geschlecht implizit vermittelt wird, dass Störungen von Jungen erwartbar sind und die Norm darstellen. Ob allerdings tatsächlich eine Korrelation zwischen Unterrichtsstörungen und gendering-Prozessen besteht und ob Jungen in Schulklassen, in denen Geschlecht von den Lehrpersonen entdramatisiert wird, seltener stören, bleibt noch zu untersuchen. Natürlich muss an dieser Stelle angemerkt werden, dass doing gender von Lehrkräften nicht als alleinige oder am meisten relevante Ursache für die verhältnismäßig eindeutig häufiger von Jungen ausgehenden Unterrichtsstörungen betrachtet werden kann. Vielmehr sollte man die Gründe für störendes Verhalten primär in der geschlechtlichen Sozialisation und der Inszenierung von Männlichkeit sehen. Dennoch ist es wichtig, sich vor Augen zu führen, dass auch Lehrerinnen und Lehrer sich häufig intensiv an der Reproduktion von Geschlechterstereotypen beteiligen und aktiv das Geschlecht von ihren Schülerinnen und Schülern (mit)machen – in manchen Fällen mit negativen Auswirkungen sowohl für Mädchen als auch für Jungen.

---

191 vgl. Faulstich-Wieland 2005, S.10. (online)

4.3 Geschlecht der Lehrperson

Auch das Geschlecht der Lehrperson beeinflusst den Unterrichtsalltag und kann Auswirkungen auf das Störverhalten von Mädchen und vor allem von Jungen haben. Es lässt sich zunächst feststellen, dass Lehrerinnen und Lehrer im Unterricht unterschiedliche Interaktionsmuster zeigen. So findet sich in dem Verhalten von männlichen Lehrern laut Budde häufig eine Doppelstruktur[192]: Einerseits schaffen sie beispielsweise durch Kommentare, Bemerkungen und Witze eine männersolidarische Ebene, verbünden sich also gewissermaßen mit ihren gleichgeschlechtlichen Schülern. Gleichzeitig, so Budde, „etablieren die Lehrkräfte Konkurrenz und Hierarchie als schulische Umgangsformen, die wiederum anschlussfähig an tradierte Männlichkeitsnormen sind"[193]. Anders als ihre weiblichen Kolleginnen vertreten Lehrer somit eindeutig die Schulstrukturen mit ihrer Leistungs- und Konkurrenzorientierung: „Sie [=die Lehrer] betonen häufiger institutionelle Erfordernisse und beziehen Stabilität aus ihrer institutionell abgesicherten Dominanzposition."[194] Hinzu komme, dass männliche Lehrkräfte sich sogar noch mehr als Lehrerinnen speziell den Schülern zuwenden und diesen mehr Aufmerksamkeit entgegenbringen.[195] Jungen sehen sich von gleichgeschlechtlichen Lehrern also häufig sowohl bevorzugt, als auch in ihrer Männlichkeit bestätigt. Zudem können männliche Lehrkräfte auch als Rollenvorbilder wirken und bieten für Schüler eine Möglichkeit der Identifizierung. All dies zusammen genommen scheint auch zu erklären, weshalb männliche Lehrkräfte einen vergleichsweise besseren Ruf bei Schülern haben ihre Kolleginnen. So stellte Kemna (2012) bei einer Befragung von insgesamt 1656 Schülerinnen und Schülern fest, dass Jungen sensibel auf das Geschlecht der Unterrichtenden reagieren und männliche Lehrkräfte eindeutig bevorzugen.[196] Außerdem lässt sich vermuten, dass Schüler aufgrund der hegemonialen Stellung des Mannes in unserer Gesellschaft dazu neigen, Lehrern mehr Respekt entgegenzubringen als Lehrerinnen und die von ihnen aufgestellten Verhaltensregeln besser befolgen. Laut Wippermann et al. ist dies vor allem bei Jungen mit Migrationshintergrund der Fall, die kulturell und familiär eine traditionelle Rollenverteilung erfahren.[197]

---

192 vgl. Budde 2009, S.401.
193 ebd.
194 Horstkemper 2008, S.484.
195 vgl. Frasch/Wagner 1982, S.275.
196 vgl. Kemna 2012, S.241.
197 vgl. Wippermann et. al. 2013, S.314.

Thies und Röhner stellen zwar fest, dass weibliche Lehrkräfte sich deutlich stärker als die männlichen auf Beziehungen zu ihren Schülerinnen und Schülern einlassen[198], allerdings bauen Lehrerinnen diese Bindungen primär zu Mädchen auf. Die Interaktionsmuster, denen Lehrerinnen häufig folgen, sehen dabei so aus, dass diese Jungen häufiger zurechtweisen und disziplinieren, Mädchen hingegen werden öfter in Schutz genommen.[199] Horstkemper weist in diesem Zusammenhang darauf hin, dass das Bedürfnis nach emotionaler Nähe und Verbundenheit zu der Klasse, welches vor allem Lehrerinnen zeigen, dazu führen kann, dass die institutionellen Ansprüche wie beispielsweise Disziplinforderungen den Schülerinnen und Schülern gegenüber nicht eindeutig formuliert und vertreten werden.[200] Wenn Kinder und Jugendliche allerdings nicht klar darüber informiert sind, welche Regeln sie zu befolgen haben und welche Konsequenzen sie bei Verstößen erwarten, so werden sie sicherlich eher dazu neigen, den Unterricht zu stören und Grenzen diesbezüglich auszutesten. Zwar lässt sich nicht pauschal sagen, dass in von weiblichen Lehrkräften geführtem Unterricht per se häufiger gestört wird als bei Männern (schließlich wirken stets andere Faktoren wie Aussehen, Alter oder Haltung mit), allerdings scheinen es dennoch vor allem die Lehrerinnen zu sein, die sich über häufige Unterrichtsstörungen von Jungen und Probleme mit ihren Schülern beschweren.[201] Daraus resultiert sicherlich auch die Meinung, die weibliche Lehrkräfte häufig über ihre Schüler haben: sie halten sie für wesentlich weniger diszipliniert als Mädchen und erwarten von ihnen störendes Verhalten. Laut Bast prägt diese Erwartungshaltung der Lehrerinnen die Interaktion mit den Schülern:

> „Zum einen wird von einer naturhaft oder sozialisationsbedingten größeren Aggressivität der Jungen ausgegangen, begleitet von stärkerem Trotz, mehr Frechheit, weniger Unter- und Einordnungsbereitschaft, das zusammen genommen die Wahrscheinlichkeit nahe legt, dass Störungen von Jungen ausgehen; zum anderen werden Jungen weniger ausgeprägte Fähigkeiten des Erwerbs von ‚Kulturtechniken' nachgesagt (...), die besonders durch Unterricht ausgeglichen werden müssen."[202]

So entstehe ein dichotomes Handlungsmuster: Lehrerinnen disziplinieren Jungen häufiger als Mädchen, gleichzeitig lassen sie ihnen auch mehr Zuwendungen, Erklärungen und Informationen zukommen, um deren vermeintlichen Mangel an Kulturtechniken auszugleichen.[203]

---

198 vgl. Thies/Röhner 2000, S.173.
199 vgl. Budde 2009, S.401.
200 vgl. Horstkemper 2008, S.484.
201 vgl. Tücke 2005, S.406.
202 Bast 1991, S.68.
203 vgl. ebd.

Obwohl Mädchen von weiblichen Lehrpersonen also auf persönlicher Ebene bevorzugt und beschützt werden, sind es so dennoch die Jungen, die den Großteil der Aufmerksamkeit erhalten und wiederum an ihrem störenden Verhalten festhalten, um im Mittelpunkt zu stehen und dadurch ihr Selbstwertgefühl zu stärken.

5. Folgen

5.1 Selbstkonzepte

Die erhöhte Aufmerksamkeit, die Lehrkräfte Jungen entgegenbringen, wirkt sich keinesfalls ausschließlich negativ auf deren Selbstbewusstsein aus. So stellen Trautwein et al. fest, dass Unterrichtsstörungen im Verlauf zwischen der 7. und 10. Klasse zu einem höheren Selbstkonzept sozialer Anerkennung und eigener Durchsetzungsfähigkeit führe.[204] Auch Horstkemper kommt in ihrer Längsschnittstudie über Mädchensozialisation an hessischen Gesamtschulen (Horstkemper 1987) zu dem Schluss, dass „der Zuwachs an Selbstvertrauen bei Jungen durchgängig auf höherem Niveau erfolgt als bei Mädchen"[205]. So zeigten Jungen weniger Angst vor der Schule, vertrauten mehr in die eigenen Leistungen und Fähigkeiten und zeigten allgemein ein ausgeprägteres Selbstwertgefühl.[206] Horstkemper führt dies ebenfalls darauf zurück, dass den Jungen mehr Beachtung seitens der Lehrpersonen zuteil kommt.[207] Dabei wirke sich selbst die negative Kritik an Jungen nicht zwangsläufig negativ auf deren Selbstvertrauen aus. Zwar machten Ermahnungen einen großen Anteil der Gespräche zwischen Jungen und Lehrpersonen im Unterricht aus[208], allerdings zeigt auch diese Art der Interaktion den Jungen, dass sie von den Lehrer_innen beachtet und wahrgenommen werden. So können Jungen auch aus Kritik an ihrem Verhalten einen positiven Effekt auf ihr Selbstwertgefühl erleben und sind aufgrund ihres im Vergleich zu Mädchen gesteigerten Selbstvertrauen „vergleichsweise immun gegen Selbstwertverletzungen durch negative Anmerkungen der Lehrkräfte"[209]. Auch wirkten sich Zurechtweisungen und Tadel insofern positiv aus, als dass sie Jungen auch in ihrer eigenen Männlichkeit bestätigen können.[210]

So „stärken [Jungen] ihr Durchsetzungsvermögen und ihr Selbstwertgefühl zu Lasten der Mädchen"[211]. Wie bereits dargestellt, fallen Mädchen im Unterricht wenig durch Unterrichtsstörungen auf, da sie einerseits quantitativ weniger stören und andererseits eher Formen von passiven Störungen vorziehen. So würden Mädchen von Lehrpersonen zwar als fleißig, aber letztlich als unauffällig und uninteressant wahrgenommen,

---

204 vgl. Trautwein et.al. 2004, S.22f.
205 Horstkemper 1987, S.214.
206 vgl. Horstkemper 1987, S.108ff.
207 vgl. ebd. S.219.
208 vgl. Michalek 2006, S.41.
209 Thies/Röhner 2000, S.41.
210 vgl. ebd, S.77
211 Enders-Dragässer/Fuchs 1989, S.25.

während Jungen trotz ihres teilweise problematischen Verhaltens als kreativ und phantasievoll gelten.[212] Auch würden gute schulische Leistungen bei Jungen eher auf deren Intelligenz, bei Mädchen hingegen auf deren Anpassungsfähigkeit und Fleiß zurückgeführt werden.[213]

Die Wertschätzung, die Mädchen in der Schule erfahren, ist folglich nicht so hoch wie die der Jungen, was letzten Endes auch zu einem vergleichsweise niedrigerem Selbstbewusstsein und Selbstwertgefühl der Mädchen führt.

5.2 Schulische Leistungen

Während in den 70er Jahren die Mädchen – speziell das „katholische Arbeitermädchen vom Lande" – noch als Bildungsverliererinnen galten, wird Bildungsarmut heute durch den Migrantensohn charakterisiert. Doch auch unabhängig von Migrationshintergrund und sozialem Status zeigt sich statistisch, dass Mädchen Jungen im Bereich Bildung nicht nur eingeholt, sondern zum Teil auch überholt haben.

Dies zeigt sich bereits in der Primarstufe: Mädchen bekommen häufiger eine Gymnasialempfehlung[214], sie wiederholen seltener eine Klasse[215], sind den Jungen im Kompetenzbereich Lesen eindeutig überlegen[216] und scheiden im Bereich der sozialen Kompetenzen besser ab[217]. Jungen hingegen haben einen Vorsprung im Bereich Mathematik und Naturwissenschaften. Diese Verhältnisse lassen sich auch in der Sekundarstufe vorfinden. Auch hier zeigen die Mädchen bessere Leistungen im sprachlichen Bereich, Jungen hingegen im mathematisch-naturwissenschaftlichen[218]. Allerdings wird darauf hingewiesen, dass es eine Tendenz dazu gibt, dass Mädchen ihren Vorsprung im Bereich Lesen weiter ausbauen, die Jungen allerdings auch im Bereich Mathematik und Naturwissenschaften einholen. So heißt es im Gender Datenreport 2005, „dass sich in Deutschland der Abstand in der Lesekompetenz zu Gunsten der Mädchen in den Jahren seit der ersten PISA-Studie sogar noch vergrößert hat. Der Abstand zu Gunsten der Jungen in der mathematischen Kompetenz hat sich dagegen im selben Zeitraum bis auf 9 Punkte verringert"[219].

---

212 vgl. Maxim 2009, S.30.
213 vgl. ebd.
214 vgl. Aktionsrat Bildung 2009, S.94.
215 vgl. Bundesministerium für Familie, Senioren, Frauen und Jugend 2005, S.96. (online)
216 vgl. Aktionsrat Bildung 2009, S.83.
217 vgl. ebd. S.92.
218 vgl. ebd. S.98.
219 Bundesministerium für Familie, Senioren, Frauen und Jugend 2005, S.41. (online)

Auch hinsichtlich der Schulabschlüsse sind Mädchen den Jungen voraus. So gibt es mehr Schülerinnen als Schüler, die einen Gymnasialabschluss erreichen, während Jungen häufiger die Hauptschule mit einem Abschluss verlassen.[220]

Obwohl Jungen von ihren Lehrkräften also mehr Aufmerksamkeit erhalten, oft bevorzugt werden und in ihrer Schulzeit ein stärkeres Selbstwertgefühl als Mädchen aufbauen können, sind sie doch bezüglich ihrer Bildung und Zukunftsperspektiven *nicht* im Vorteil. Dass sie heutzutage als „Bildungsverlierer" gelten, hängt sicherlich auch damit zusammen, dass Jungen ihre Männlichkeit auf Kosten ihrer schulischen Leistungen inszenieren und häufig problematisches, den Unterricht störendes Verhalten zeigen.

---

220 Bundesministerium für Familie, Senioren, Frauen und Jugend 2005, S.43. (online).

6. Genderkompetenz als Handlungsperspektive

Wie sich gezeigt hat, ist das Geschlecht ein äußerst wichtiger Aspekt im Leben von Schülerinnen und Schülern. *Gender* kann sich auf Einstellungen, Verhaltensweisen und Präferenzen von Schüler_innen *und* Lehrer_innen auswirken und durchzieht sowohl klar erkennbar als auch implizit den Schulalltag. So kommen Mädchen und Jungen zwar nicht geschlechtsneutral in die Schule, sondern haben bereits durch ihre Familie, den Kindergarten, ihre Freunde oder Medien eine geschlechtliche Sozialisation erfahren; dennoch spielen in der Schule ablaufende Prozesse eine große Rolle bei der Ausgestaltung der Geschlechtsidentitaten von Jungen und Mädchen. Somit wird auch die Schule zu einer wichtigen, wenn nicht gar der wichtigsten Sozialisationsinstanz von jungen Menschen. Neben den von Schülerinnen und Schülern selbst ausgehenden geschlechtlichen Aushandlungsprozessen beteiligen sich auch Lehrkräfte an der Festigung von Geschlechtsidentitäten: Sie betreiben sowohl aktiv als auch unbewusst doing gender, sie können Geschlechterstereotype entweder festigen oder abbauen, Geschlechterdifferenzen dramatisieren oder entdramatisieren. Das Handeln von Lehrerinnen und Lehrern und der Unterricht, den sie konzipieren können sich also direkt auf ihre Schüler_innen und deren Vorstellungen über Männlichkeit und Weiblichkeit auswirken. Lehrkräfte tragen somit eine große Verantwortung.

Auch die Tatsache, dass es offenbar geschlechtsspezifische Unterrichtsstörungen gibt, demonstriert, dass das Handeln von Mädchen und Jungen oftmals von ihrem Geschlecht und ihren Rollenvorstellungen beeinflusst ist. Es ist somit an den Lehrerinnen und Lehrern, dies zu erkennen, um adäquat reagieren zu können oder gar manchen Störungen vorzubeugen.

Damit Lehrkräfte für solche Zusammenhänge sensibilisiert werden und handlungsfähig gemacht werden können, müssen diese eine Schlüsselkompetenz erwerben, die zentral für das pädagogische Handeln ist: die Rede ist von *Genderkompetenz.*

Im Folgenden soll erläutert werden, was genau unter dem Begriff Genderkompetenz zu verstehen ist, welche Elemente dieser beinhaltet und welche Rolle diese Kompetenz bei dem Umgang mit geschlechtsspezifischen Unterrichtsstörungen spielen kann.

6.1 Was ist Genderkompetenz?

Der Begriff „Genderkompetenz" ist in der Literatur bislang nicht eindeutig definiert und präzise beschrieben, vielmehr wird er auf unterschiedliche Weise diskutiert. Nach Van Bargen und Schambach meint Genderkompetenz den „praktischen Umgang mit den Ergebnissen und Erfahrungen aus der genderbezogenen Forschung, Bildungs- und Beratungsarbeit, die Umsetzung dieses Wissens in den eigenen Arbeitsalltag, die sensible Gestaltung von Geschlechterbeziehungen"[221]. Eine weitere Definition, die häufig verwendet wird, beschreibt den Begriff als „das Wissen, in Verhalten und Einstellungen von Männern und Frauen soziale Festlegungen im (privaten, beruflichen, universitären) Alltag zu erkennen und die Fähigkeit, so damit umzugehen, dass beiden Geschlechtern neue und vielfältige Entwicklungsmöglichkeiten eröffnet werden"[222]. Das GenderKompetenzZentrum Berlin definiert Genderkompetenz zusätzlich im Hinblick auf Handlungsperspektiven. Der Begriff wird hier bestimmt als

> „die Fähigkeit zu verstehen, wie die soziale Kategorie Geschlecht (Gender) gesellschaftliche Verhältnisse organisiert - Körper, Subjektivität und Beziehungsformen, aber auch Wissen, Institutionen sowie Organisationsweisen und Prozesse. Doch Genderkompetenz [ist] nicht nur eine Fähigkeit, sondern auch eine Strategie um Veränderungen zu bewirken, indem Ziele der Gleichstellungs-, Antidiskriminierungs- und Diversitätspolitiken umgesetzt werden."[223]

Nach Rosenkranz-Fallegger umfasst der Begriff außerdem „das Wissen über Geschlechterverhältnisse und deren Ursachen sowie die Fähigkeit, dieses Wissen im alltäglichen Handeln anzuwenden und auf individueller Ebene zu reflektieren. Genderkompetentes Handeln zielt auf die individuelle und gesellschaftliche Auseinandersetzung mit Geschlechterkonstruktionen und daran anschliessenden [sic] Ungleichheiten und bildet grundlegendes Element der Gleichstellung von Frau und Mann"[224].

Zusätzlich kann Genderkompetenz laut Blickhäuser auch immer mehr als „Qualitätskriterium" pädagogischer Arbeit verstanden werden[225].

---

221 v.Bargen/Schambach 2002, S.29, zitiert nach Budde/Venth 2010, S.23.
222 Metz-Göckel/Roloff 2002, S.2., zitiert nach Rosenkranz-Fallegger 2009, S.43.
223 GenderKompetenzZentrum o.J., Abschnitt Genderkompetenz. (online).
224 Rosenkranz-Fallegger 2009, S.44.
225 vgl. Bickhäuser/v. Bargen 2006, S.160, zitiert nach Budde/Venth 2010, S.23.

6.2 Elemente von Genderkompetenz

Sieht man sich die verschiedenen Definitionen des Begriffs Genderkompetenz an, so fällt auf, dass damit stets eine Fähigkeit oder ein bestimmtes Wissen gemeint ist. Wie jede andere Kompetenz setzt sich Genderkompetenz also aus den Elementen *Wissen* und *Können* und *Wollen* zusammen; letztes ist dabei erste Voraussetzung für die Entwicklung einer Kompetenz.

Unter *Wollen* wird in diesem Zusammenhang die Motivation verstanden, gleichstellungsorientiert zu arbeiten und einen Beitrag zum Abbau von Geschlechterhierarchien zu leisten.[226]

Wissen bedeutet zum einen, die Komplexität von „Gender" zu begreifen und grundlegende Kenntnisse aus der Geschlechterforschung zu haben.[227] Zudem handelt es sich nach Budde und Venth um ein spezifisches „Genderwissen", das beispielsweise das Verständnis von Geschlecht als soziale Konstruktion einschließt.[228] Dieses „befähigt, geschlechtsspezifische Strukturen in Institutionen und Alltagshandeln aufzuschlüsseln"[229].

Können meint, dass Wege zur Umsetzung des Genderwissens im eigenen pädagogischen Handeln bekannt sind. Es sind also pädagogische Methoden und Strategien gemeint, die beispielsweise zum Abbau von starren Geschlechternormen beitragen oder Verhaltenserweiterungen für beide Geschlechter fördern können.[230]

Laut Kunert-Zier greifen die drei Begriffe allerdings zu kurz. Sie schlägt stattdessen vor, Genderkompetenz in drei andere Elemente aufzuspalten, in denen sich das *Wollen*, *Wissen* und *Können* zwar wiederfindet, der Kompetenzbegriff allerdings stärker aufgeschlüsselt wird. Diese Elemente sind:

1. Genderbezogenes Wissen
2. Genderbezogene Selbstkompetenz
3. Genderbezogene Praxiskompetenz

Genderbezogenes Wissen meint dabei zum einen das Wissen über „die historische, politische, kulturelle, rechtliche, soziale Dimension von Geschlechterverhältnissen,

---
226 vgl. Budde/Venth 2010, S.23.
227 vgl. Kunert-Zier 2005, S.283.
228 vgl. Budde/Venth 2010, S. 23.
229 ebd.
230 vgl. ebd. S.24.

Konstruktionen und deren Folgen"[231]. Dies beinhaltet auch Wissen um geschlechtliche Sozialisationsprozesse und Kenntnisse verschiedener Sozialisationstheorien. Auch ist damit gemeint, dass Geschlechtscharakteristika als Ergebnis von doing gender verstanden und nicht als naturgegebene und unveränderbare Eigenschaften betrachtet werden.[232] Ebenso bezeichne der Begriff auch das Wissen um strukturelle Voraussetzungen von Männern und Frauen bzw. Jungen und Mädchen auf gesellschaftlicher und Organisationsebene.[233] Genderbezogenes Wissen ist zudem auch „Wissen über Prozesse und Mechanismen, welche Macht- und Herrschaftsverhältnisse, Exklusion und soziale Differenz hervorbringen und Subjektivität sowie Identitätsbildung verfestigen"[234]. Damit verbunden ist die Kenntnis von Geschlechterrollen und den Anforderungen an das eigene, aber auch an das andere Geschlecht.[235] Auch bedeutet es, dass gängige Geschlechterstereotype sowie deren Entstehung bekannt sind und kritisch reflektiert werden können. Genderbezogenes Wissen impliziert zudem auch methodisches Wissen über Techniken und Kompetenzen derer es bedarf, um Chancengleichheit umsetzen zu können und Veränderungsprozesse anzuregen.[236]

Genderbezogene Selbstkompetenz erfordert „einen reflexiven Umgang mit dem eigenen Geschlecht und den damit verbundenen Ambivalenzen, Ängsten, Vorurteilen und Vorstellungen"[237]. Jantz/Brandes zufolge gilt es für Fachkräfte, sich nicht als angeblich geschlechtsneutrale Pädagog_innen zu begreifen, sondern als Frauen und Männer.[238] Dazu gehöre auch, dass die eigene gesellschaftsbiografische Prägung offen und distanziert reflektiert wird.[239] Auch fällt unter diesen Punkt die „Fähigkeit zur Überprüfung der eigenen Identitätskonzepte, Denkstrukturen und Handlungspraxis"[240], beispielsweise im Bezug auf Geschlechterstereotype und Vorurteile. Hierbei sei es ebenfalls wichtig, Empathie für das jeweils andere Geschlecht aufzubringen.[241] Ein weiterer Aspekt der genderbezogenen Selbstkompetenz beinhaltet die eigene Lernfähigkeit im Bezug auf Geschlechterfragen. Rosenkranz-Fallegger bezeichnet dies als „eigene geschlechtersensible Entwicklung"[242]. Dies bedeutet auch, aus Erfahrungen

---

231 Rosenkranz-Fallegger 2009, S.45.
232 vgl. Budde/Venth 2010, S.23.
233 vgl. Rosenkranz-Fallegger 2009, S.45.
234 ebd.
235 vgl. Jantz/Brandes 2006, S.154.
236 vgl. Rosenkranz-Fallegger 2009, S.45.
237 Kunert-Zier 2011, S.155
238 vgl. Jantz/Brandes 2006, S.155.
239 vgl. Rosenkranz-Fallegger 2009,S.45.
240 ebd.
241 vgl. Jantz/Brandes 2006, S.154.
242 Rosenkranz-Fallegger 2009, S.45.

zu lernen, offen gegenüber neuen Erkenntnissen zu sein, sowie sich eigenständig neues Genderwissen zu erschließen. Gerade für die Arbeit mit Kindern und Jugendlichen sei es wichtig, sich seiner Vorbildrolle gegenüber Jungen und Mädchen bewusst zu sein und ein Gleichgewicht aus Nähe und Distanz zu seinen Schüler_innen einhalten zu können.[243] Dies beinhaltet auch eine Unparteilichkeit gegenüber den Geschlechtergruppen.

Genderbezogene Praxiskompetenz ist bezeichnet dasselbe wie das Element *Können*. Es bedeutet, dass das theoretische Wissen über Geschlecht auf fachlicher Ebene methodisch umgesetzt werden kann.[244] Hierzu zählt auch eine gendersensible Unterrichts- und Lernumgebungsgestaltung. Das heißt, dass Unterrichtsmaterialen, Themen, Raumaufteilung, Sitzordnung, aber auch die im Unterricht verwendete Sprache im Hinblick auf Stereotypisierungen und unnötige Dramatisierungen von Geschlecht überprüft werden müssen. Jungen und Mädchen sollten als Individuen anstatt als homogene Gruppen betrachtet werden, entsprechend sollte auf diese reagiert und mit ihnen interagiert werden.[245] Auch sollte man als Lehrperson gendersensible Problemlösungsstrategien im Unterricht anwenden können.[246] Dies alles bedeutet allerdings nicht, dass Geschlecht im Zentrum des Unterrichtsgeschehen stehen sollte bzw. im Unterricht ständig thematisiert werden soll.

Baar spricht im Zusammenhang mit genderbezogener Praxiskompetenz von der Notwenigkeit einer „Entdramatisierung durch Dramatisierung von Geschlecht[247]": Die Kategorie Geschlecht müsse auf theoretischer Ebene zunächst dramatisiert werden, damit diese später in der pädagogischen Praxis entdramatisiert werden kann. „Genau diese Entdramatisierung der Geschlechterdifferenz in Verbindung mit einer weitestgehend individualisierten, von geschlechtersterotypisierenden Vorstellungen losgelöste kollegiale, aber auch schüler- und schülerinnenbezogene Interaktion, ist der Schlüssel zu einer geschlechtergerechten pädagogischen Praxis."[248]

6.3 Genderkompetenz und Unterrichtsstörungen

Wenn Kinder in die Schule kommen, sind sie bereits vorgeprägt: Sie wissen um ihre eigene Geschlechtszugehörigkeit und -identität sowie wie sie sich als Jungen bzw. Mädchen zu verhalten haben, verfügen über Wissen über Geschlechterrollen und haben

---
243 vgl. Kunert-Zier 2005, S.287.
244 vgl. Kunert-Zier 2011, S.155.
245 vgl. Kunert-Zier 2005, S.288.
246 vgl. Rosenkranz-Fallegger 2009, S.45.
247 Baar 2010, S.339.
248 ebd., S.400.

häufig schon stereotype Vorstellungen über Geschlecht. Somit würden (geschlechtsspezifische) Unterrichtsstörungen auch im „perfekten" gendersensiblen Unterricht auftreten.

Lehrerinnen und Lehrern sollte dabei bewusst sein, dass Unterrichtsstörungen zum Schulalltag gehören. Die Ursachen dieser Störungen können dabei unterschiedlichen Ursprungs sein. Kinder und Jugendliche, die den Unterricht stören, können beispielsweise von Unterrichtsinhalten gelangweilt und über- oder unterfordert sein, ein gestörtes Verhältnis zur Lehrperson oder persönliche Probleme haben und deshalb mit störenden Verhalten reagieren.[249] Diverse proaktive und reaktive Strategien zum Umgang mit Unterrichtsstörungen allgemein sind in der Fachliteratur bereits ausführlich beschrieben worden.[250] Gleichzeitig zeigt sich auch, – wie in der vorliegenden Arbeit besprochen – dass bei manchen Unterrichtsstörungen auch das Geschlecht eine Rolle spielt: Bestimmtes störendes Verhalten kann durchaus als Produkt von Geschlechtsinszenierungen oder gendering-Prozessen von Lehrkräften zu verstanden werden; auch geben Forschungsergebnisse, die zeigen, dass Jungen und Mädchen unterschiedlich stark und häufig stören, Hinweis darauf, dass auch das Geschlecht von Schüler_innen bei Überlegungen zu Unterrichtsstörungen zu berücksichtigen ist. Lehrerinnen und Lehrer sollten daher für einen professionellen Umgang mit Störungen im Unterricht auch über Genderkompetenz verfügen. Diese Kompetenz kann dabei bereits bekannte Strategien nicht ersetzten, sondern muss als Ergänzung zu Kenntnissen über Reaktions- und Interventionsmöglichkeiten bei Unterrichtsstörungen verstanden werden.

Das für den Umgang mit geschlechtsspezifischen Unterrichtsstörungen relevante genderbezogene Wissen sollte dabei Folgendes umfassen:

Zunächst müssen Lehrerinnen und Lehrern verschiedene Theorien der Geschlechtersozialisation und der Konstruktion von Geschlechterstereotypen kennen. Im Zusammenhang mit Unterrichtsstörungen ist dabei zunächst die Bekräftigungstheorie von Bedeutung. Lehrkräfte sollten sich darüber im Klaren sein, dass auch sie teilweise geschlechtsangemessenes Verhalten belohnen, nicht geschlechtsangemessenes hingegen negativ sanktionieren. Unterrichtsstörungen können somit auch dadurch provoziert werden, dass Lehrkräfte störendes Verhalten seitens der Jungen eher für angemessen halten und dieses durch ihre Reaktionen darauf (unbewusst) verstärken. In Verbindung damit sollte der behaviorale Erwartungseffekt und die Theorie der Streotypenbedrohung

---

[249] vgl. Winkel 2005, S.32.
[250] vgl. z.B. Lohmann 2003, S.30ff.

bekannt sein, da diese Aufschluss darüber geben können, wie die Vorurteile und Stereotypen von Lehrpersonen das Verhalten von Schüler_innen beeinflussen können: Erwarten Lehrkräfte vor allem von Jungen Unterrichtsstörungen und stereotypisieren die Jungen in ihrer Klasse als „die Störer", so steigt die Wahrscheinlichkeit, dass diese in diesem Bewusstsein den Erwartungen entsprechend auch häufiger stören werden. Zudem besteht die Gefahr, dass Störungen von Jungen seitens der Lehrkräfte selektiv erinnert werden, während Störungen von Mädchen gedanklich ausgeblendet werden Auch müssen bei Lehrer_innen Kenntnisse über doing-gender-Prozesse vorhanden sein. Sie müssen also wissen, auf welche Art und Weise Jungen und Mädchen ihr Geschlecht inszenieren und dass vor allem Jungen durch Unterrichtsstörungen häufig auch ihre Männlichkeit bestätigen und somit ihr Selbstwertgefühl steigern können.

Gleichzeitig muss sich bewusst gemacht werden, dass vieles dafür spricht, dass es geschlechtsspezifische Unterrichtsstörungen tatsächlich gibt, dies aber nicht per se bedeutet, dass *alle* Jungen laut und störend, *alle* Mädchen hingegen ruhig und unauffällig sind; dass Jungen ausschließlich direkt stören, Mädchen ausschließlich indirekt. Vielmehr gibt es stets Überschneidungen im Mädchen- und Jungenverhalten, da „die Jungen" und „die Mädchen" keine homogenen Gruppen sind und Unterschiede innerhalb der Gruppen häufig größer sind als zwischen den Geschlechtern.[251] Solch ein Bewusstsein kann dann beispielsweise Stereotypisierungen und Vorurteile über Geschlechtergruppen in der Klasse (z.B. „Die Jungen in meiner Klasse sind alle laut") verhindern, wenn man sich parallel bewusst macht, *welche* Kinder bzw. Jugendlichen – unabhängig von ihrer Geschlechterzugehörigkeit - konkret stören.

Auch spielt die genderbezogene Selbstkompetenz bei der Auseinandersetzung mit Unterrichtsstörungen eine große Rolle. So sollten Lehrkräfte in der Lage sein, ihre eigene Rolle zu reflektieren und sich zu fragen, inwieweit sie durch ihr Verhalten und ihre Aussagen indirekt Unterrichtsstörungen provozieren. So gilt es, zunächst die eigene Aufmerksamkeitsverteilung zu überdenken: Lassen Lehrer_innen störenden Jungen beispielsweise unnötig viel Aufmerksamkeit zukommen, geschieht dies einerseits auf Kosten der Mädchen, die dadurch weniger beachtet werden, gleichzeitig werden die Störenden häufig lediglich in ihrem Verhalten bestätigt. Auch sollte man als Lehrperson seinen Unterricht dahingehend reflektieren, dass man sich fragt inwieweit man selbst Geschlecht (unnötigerweise) dramatisiert, etwa durch Anmerkungen darüber, dass „die Jungen" zu laut seien.

Ferner sollten Lehrer_innen ihre genderbezogene Selbstkompetenz insofern nutzen, als

---
251 vgl. Trautmann/Wischer 2001, S.51.

dass sie ihre eigene Sicht auf die Jungen und Mädchen in ihrer Klasse überdenken: Teilt man die Klasse gedanklich in zwei Geschlechtergruppen auf? Charakterisiert man für sich selbst die Jungen pauschal als Störenfriede, die Mädchen hingegen als still und brav? Trifft dies zu, so gilt es, seine eigenen Geschlechterstereotype abzubauen und sich die Heterogenität innerhalb der Geschlechtergruppen bewusst zu machen.

Auch sollten Lehrpersonen sich über die Wirkung ihres Geschlechts auf ihre Schülerinnen und Schüler im Klaren sein; denn: so wie man selbst die Schüler_innen in seiner Klasse als Mädchen oder Jungen wahrnimmt, so wird man auch von diesen als Frau bzw. Mann wahrgenommen, was wiederum Geschlechterstereotype aktiviert. So wird es beispielsweise immer einige Jungen geben, die weibliche Lehrkräfte als weniger autoritär ansehen als männliche und dementsprechend bei diesen Grenzen austesten wollen und häufig stören. Hier gilt es umso mehr, im Vorfeld klare Verhaltens- und Gesprächsregeln aufzustellen, Konsequenzen für Regelverstöße aufzuzeigen und diese auch durchsetzen zu können.

Die genderbezogene Praxiskompetenz sollte folglich in der Fähigkeit bestehen, das Genderwissen auch auf Unterrichtsstörungen und die Vermeidung selbiger anwenden zu können. Hierbei gilt es zum einen, auf eine gendergerechte Sprache zu achten und durch Aussagen o.ä. Jungen nicht zu vermitteln, dass durch sie verschuldete Störungen erwartbar oder akzeptabel sind. Auch wenn es in manchen Klassen tatsächlich der Fall ist, dass Jungen den Unterricht proportional häufiger stören als Mädchen, ist erforderlich, diese nicht als „Täter" abzutun, sondern ihre Handlungsmotivation zu verstehen und sie als Individuen zu behandeln; das heißt auch auf ihre Unterrichtsstörung zu reagieren, ohne dabei auf ihr Geschlecht zu rekurrieren und es zu dramatisieren. Gleichzeitig muss der Fokus auch auf Mädchen gerichtet werden. Schließlich gehen auch von ihnen Störungen aus, auch wenn diese häufig nicht wahrgenommen werden. Hier gilt es, seinen Blick für indirekte Störungen zu schärfen um somit beispielsweise auf Schülerinnen achten zu können, die zwar ruhig sind, das Unterrichtsgeschehen dennoch nicht verfolgen.

Letztendlich muss es Ziel sein, Mädchen und Jungen gleichermaßen zu fördern, mit ihnen gemeinsam Geschlechterrollen und -stereotype kritisch zu hinterfragen, bei ihnen nicht-stereotype Interessen zu wecken und ihnen Wege für neue Möglichkeiten über die Geschlechtergrenzen hinaus aufzuzeigen.

7. Fazit

Die vorliegende Arbeit hat gezeigt, dass bei der Auseinandersetzung mit Geschlecht und Unterrichtsstörungen aufgrund der Multikomplexität des Themas eine Betrachtung aus unterschiedlichen Blickpunkten erfolgen muss.

So zeigte sich zunächst, dass Jungen und Mädchen in der Regel unterschiedlich sozialisiert werden. Dabei kommen verschiedene Sozialisationsprozesse gleichzeitig mehr oder weniger stark zum Tragen. Jungen und Mädchen werden beispielsweise schon von klein auf von ihren Eltern oder Erziehungsberechtigten für geschlechtsangemessene, das heißt den gängigen Geschlechterrollen entsprechende Verhaltensweisen und Interessen belohnt, für Verhalten welches als nicht geschlechtsangemessen gilt hingegen negativ sanktioniert. Auch kann Rollenverhalten von Mädchen und Jungen an Modellen (z.B. dem Verhalten der Eltern) beobachtet und zum Teil übernommen werden. Medien sowie die peergroup können ebenfalls als Sozialisationsinstanzen fungieren und die Ausbildung von Rollenverhalten mit beeinflussen. Zusätzlich kann „geschlechtstypisches" Verhalten auch als Reaktion auf bestimmte gesellschaftliche Erwartungen an das eigene Geschlecht entstehen, welche auch negativ sein können. Allerdings muss klar sein, dass es sich bei der Geschlechtersozialisation nicht um einen rein passiven Prozess handelt. So beginnen Jungen und Mädchen schon früh, sich mit ihrer eigenen Geschlechtlichkeit auseinander zu setzen und ihre Geschlechtsidentität zu entwickeln. Sie lernen somit auch, was es in unserer Gesellschaft bedeutet, männlich oder weiblich zu sein und beginnen, in sozialen Kontexten ihr Geschlecht zu inszenieren, um auch von anderen als weiblich bzw. männlich wahrgenommen zu werden und sich vom jeweils anderen Geschlecht abzuheben.

Es ist daher nicht verwunderlich, dass die unterschiedliche Sozialisation dazu führt, dass Mädchen und Jungen nicht „gleich" sind und sich beispielsweise in ihren Interessen und Verhaltensweisen stark voneinander unterscheiden. Zwangsläufig lassen sich somit auch Unterschiede im Jungen- und Mädchenverhalten in der Schule feststellen, insbesondere im Bezug auf Unterrichtsstörungen. So bevorzugen Mädchen meist indirekte Störungen und werden von Lehrpersonen als „Klatschtanten" oder „Träumerinnen" stereotypisiert, während Jungen zu direkten Formen von Unterrichtsstörungen neigen und unter anderem auch durch Störverhalten ihre Männlichkeit inszenieren. Sie fallen im Unterricht somit natürlich stärker auf, so dass sie von Lehrkräften mehr positive sowie negative Aufmerksamkeit als ihre Mitschülerinnen erhalten, können allerdings auch aus negativen Rückmeldungen einen Vorteil für sich ziehen, denn auch auferlegte Sanktionen bedeuten häufig eine erfolgreiche Männlichkeitsinszenierung. Daraus ergibt sich die Problematik, dass Mädchen einerseits häufig von Lehrkräften benachteiligt werden, da diese sich verstärkt störenden Jungen zuwenden und sie nicht in gleicher Form wie ihre Mitschüler ihr Selbstwertgefühl stärken können; andererseits werden Jungen so von Lehrkräften als Störer und Unruhestifter stigmatisiert und oftmals pauschal dementsprechend behandelt. Das Problem sind somit häufig nicht die Unterrichtsstörungen selbst, sondern die Art, wie Lehrkräfte mit diesen umgehen und wie sie selbst Geschlecht in Störsituationen dramatisieren.

Die pädagogische Konsequenz muss deshalb sein, dass Lehrerinnen und Lehrer, auch wenn sie meinen, Jungen und Mädchen stets gleich zu behandeln, sich ihrer Rolle als Sozialisationsinstanz bewusst werden und lernen, ihr Verhalten dahingehend zu reflektieren. Hier gilt es beispielsweise, sich zu fragen, ob man vermehrte Unterreichsstörungen von Jungen belohnt und somit mitverschuldet aber auch eigene Stereotype über Mädchen und Jungen zu hinterfragen. Um dies leisten zu können und um das Verhalten ihrer Schülerinnen und Schüler besser verstehen und nachvollziehen zu können, müssen Lehrer_innen ihre Genderkompetenz ausbilden.

So werden Unterrichtsstörungen sicherlich nicht durch einen genderreflektierten Unterricht verschwinden, allerdings kann die Genderkompetenz einen großen Beitrag dazu leisten, das eigene Handeln bei Störsituationen anzupassen und Mädchen und Jungen ihren Bedürfnissen entsprechend gleichermaßen zu fördern.

In diesem Zusammenhang wäre es sinnvoll, eine Längsschnittstudie durchzuführen, um zu untersuchen, inwiefern gendersensibler und -reflektierter Unterricht sich tatsächlich auf Häufigkeit und Ausmaß von geschlechtsspezifischen Unterrichtsstörungen auswirkt. So könnten die Ergebnisse dieser theoretischen Arbeit untermauert bzw. widerlegt werden.

Literaturverzeichnis

ALFERMANN, Dorothee (1996): Geschlechterrollen und geschlechtstypisches Verhalten. Stuttgart, Berlin, Köln: Verlag W. Kohlhammer.

AKTIONSRAT BILDUNG (vbw – Vereinigung der Bayerischen Wirtschaft e.V.,Hrsg.) (2009): Geschlechterdifferenzen im Bildungssystem. Jahresgutachten 2009. Wiesbaden: Vs Verlag für Sozialwissenschaften.

ANGER, Hans (1960): Probleme der deutschen Universität. Bericht über eine Erhebung unter Professoren und Dozenten. Tübingen: Siebeck.

ARONSON, Elliot/ Wilson, Timothy D./ Akert, Robin M. (2004): Sozialpsychologie. München: Pearson Studium, 4.Auflage.

ASENDORPF, Jens B. (2009): Persönlichkeitspsychologie für Bachelor. Berlin: Springer.

ASENDORPF, Jens B. (2012): Psychologie der Persöhnlichkeit. Heidelberg: Springer, 3. Auflage.

BAAR, Robert (2010): Allein unter Frauen. Der berufliche Habitus männlicher Grundschullehrer. Wiesbaden: VS Verlag für Sozialwissenschaften.

BANDURA, Albert (1971): Social learning theory. New York: General Learning Press.

BARGEN, Henning von/ Schambach, Gabriele (2002): Geschlechterdemokratie als Gemeinschaftsaufgabe. Das Beispiel Heinrich Böll Stiftung. In: Tübinger Institut für Frauenpolitische Sozialisationsforschung e.V. (Hrsg.): Geschlechter. Perspektiven. Wechsel. Impulse. Tübingen. S.24-31.

BAST, Christa (1991): Weibliche Autonomie und Identität. Untersuchungen über die Probleme von Mädchenerziehung heute. Weinheim, München: Juventa.

BECKER, Georg E. (2006): Lehrer lösen Konflikte: Handlungshilfen für den Schulalltag. Weinheim, Basel: Beltz.

BEM, Sandra. (1981). Gender schema theory: A cognitive account of sex typing. In: Psychological Review 88. S.354–364.

BERK, Sarah F. (1985): The Gender Factory: The Apportionment of Work in American Households. New York: Plenum.

BILLER, Karlheinz (1981): Unterrichtsstörungen. Stuttgart: Klett.

BISCHOF-KÖHLER, Doris (2006): Von Natur aus anders. Die Psychologie der Geschlechterunterschiede. Stuttgart: Kohlhammer, 3. Auflage.

BJÖRKQVIST, Kaj,/NIEMELÄ, Pirkko (Hrsg.) (1992): Of Mice and Women. Aspects of female aggression. San Diego: Academic Press.

BLICKHÄUSER, Angelika/ BARGEN, Henning von (2006): Mehr Qualität durch Gender-Kompetenz. Ein Wegweiser für Training und Beratung im Gender Mainstreaming. Königstein, Taunus: Helmer.

BÖHMANN, Marc/ Hoffmann, Kirsten (2002): Kursbuch Berufseinstieg: Basiswissen, Tipps und Trainingsbausteine für die ersten Jahre im Lehrerberuf. Weinheim: Beltz.

BUDDE, Jürgen (2005): Männlichkeit und gymnasialer Alltag. Doing Gender im heutigen Bildungssystem. Bielefeld: Transcript.

BUDDE, Jürgen/ Faulstich-Wieland, Hannelore (2005): Jungen zwischen Männlichkeit und Schule. In: Vera King, Karin Flaake (Hrsg.): Männliche Adoleszenz. Bildung und Sozialisation junger Männer, Frankfurt am Main: Campus, S. 37-56.

BUDDE, Jürgen (2006): Wie Lehrkräfte Geschlecht (mit-)machen - doing gender als schulischer Aushandlungsprozess. In: S. Jösting, M. Seemann (Hrsg.): Gender und Schule. Geschlechterverhältnisse in Theorie und schulischer Praxis. Oldenburg: BIS-Verlag. S´.45-60.

BUDDE, Jürgen/ Scholand, Barbara/ Faulstich-Wieland, Hannelore (2008): Geschlechtergerechtigkeit in der Schule. Eine Studie zu Chancen, Blockaden und Perspektiven einer gender-sensiblen Schulkultur. Weinheim, München, Juventa.

BUDDE, Jürgen (2009): Bildungs(miss)erfolge von Jungen in der Schule?! In: A. Henschel, R.Krüger, C. Schmitt, W.Stange (Hrsg.): Jugendhilfe und Schule. Handbuch für eine gelingende Kooperation. Wiesbaden: VS Verlag für Sozialwissenschaften, 2. Auflage.

BUDDE, Jürgen/ Venth, Angela (2010): Genderkompetenz für lebenslanges Lernen. Bildungsprozesse geschlechterorientiert gestalten. Bielefeld: Bertelsmann.

DIETZEN, Agnes (1993): Soziales Geschlecht. Opladen: Westdeutscher Verlag.

EAGLY, Alice H. (1987): Sex Differences in Social Behavior: A Social-role Interpretation. Hillsdale, NJ: Erlbaum.

ECKES, Thomas (2008): Geschlechterstereotype: Von Rollen, Identitäten und Vorurteilen. In: R.Becker, B. Kortendiek (Hrsg.): Handbuch Frauen- und Geschlechterforschung. Theorie, Methoden, Empirie. Wiesbaden: Verlag für Sozialwissenschaften, 2. Auflage. S.171-182.

ENDERS-DRAGÄSSER, Uta/ Fuchs, Claudia (1988): Jungensozialisation in der Schule. Darmstadt.

ENDERS-DRAGÄSSER, Uta/ Fuchs, Claudia (1989): Interaktionen der Geschlechter: Sexismusstrukturen in der Schule. Eine Untersuchung an hessischen Schulen. Weinheim, München: Juventa.

FAULSTICH-WIELAND, Hannelore (1995): Geschlecht und Erziehung. Grundlagen des pädagogischen Umgangs mit Mädchen und Jungen. Darmstadt: Wissenschaftliche Buchgesellschaft.

FAULSTICH-WIELAND, Hannelore (2004): Doing Gender: Kostruktivistische Beiträge. In: E.Glaser, D. Klika, A. Prengel (Hrsg.): Handbuch Gender und Erziehungswissenschaft. Kempten: Klinkhardt. S.175-191.

FAULSTICH-WIELAND, Hannelore/ WEBER, Martina/ WILLEMS, Katharina (2004): Doing Gender im heutigen Schulalltag, Empirische Studien zur sozialen Konstruktion von Geschlecht in schulischen Interaktionen. Weinheim, München: Juventa.

FISKE, Susan T. (1998): Stereotyping, Prejudice, and Discrimination. In: Gilbert, Daniel T., Susan T. Fiske, Gardner Lindzey (Hrsg.): The Handbook of Social Psychology. Boston: McGraw-Hill. 4. Aufl., Band 2, S. 357-411.

FLAAKE, Karin (2006): Geschlechterverhältnisse – Adoleszenz – Schule. Männlichkeits- und Weiblichkeitsinszenierungen als Rahmenbedingungen für pädagogische Praxis. Benachteiligte Jungen und privilegierte Mädchen? Tendenzen aktueller Debatte. In: S. Jösting, M. Seemann (Hrsg.): Gender und Schule. Geschlechterverhältnisse in Theorie und schulischer Praxis. Oldenburg: BIS-Verlag. S.27-44.

FRASCH, Heidi/ Wagner, Angelika C. (1982): „Auf Jungen achtet man einfach mehr..." In: I. Brehmer (Hrsg.): Sexismus in der Schule. Weinheim: Beltz. S.260-278.

FREY, Regina (2003): Gender im Mainstreaming. Geschlechtertheorie und -praxis im internationalen Diskurs. Frankfurt am Main: Ulrike Helmer Verlag.

FROSH, Stephen, et. al. (2002): Young Masculinities. Houndmills, Basingstoke, Hampshire/New York.

GILDEMEISTER, Regine (2010): Doing Gender: Soziale Praktiken der Geschlechterunterscheidung. In: R.Becker, B. Kortendiek (Hrsg.): Handbuch Frauen- und Geschlechterforschung. Theorie, Methoden, Empirie. Wiesbaden: Verlag für Sozialwissenschaften, 3. Auflage. S.137-145.

GLÖCKEL, Hans (2000): Klassen führen – Konflikte bewältigen. Bad Heilbrunn: Klinkhardt.

GLUSZCZYNSKI, Andreas/ KRETTMANN, Ulrike (2006): Koedukation und Sexualerziehung aus der Sicht 9- bis 13-jähriger Jungen und Mädchen. In: A.Kaiser (Hrsg.): Koedukation und Jungen. Weinheim, Basel: Beltz.

GORLOV, Viktoria (2009): Warum gibt es kaum Ingenieurinnen? Gründe für eine geschlechts(un)spezifische Berufswahl. Deutschland und Schweden im Vergleich. Bamberg: University of Bamberg Press.

HILGERS, Andrea (1994): Geschlechterstereotype und Unterricht. Zur Verbesserung der Chancengleichheit von Mädchen und Jungen in der Schule. Weinheim, München: Juventa.

Horstkemper, Marianne (1987): Schule, Geschlecht und Selbstvertrauen. Eine Längsschnittstudie über Mädchensozialisation in der Schule. Weinheim, München: Juventa.

Horstkemper, Marianne (2008): Geschlechtsrollenidentität und unterrichtliches Handeln. In: Lehrer-Schüler-Interaktion. Inhaltsfelder, Forschungsperspektiven und methodische Zugänge. Wiesbaden: VS Verlag für Sozialwissenschaften, 2. Auflage.

Jantz, Olaf/ Brandes, Susanne (2006): Geschlechtsbezogene Pädagogik an Grundschulen. Basiswissen und Modelle zur Förderung sozialer Kompetenzen bei Jungen und Mädchen. Wiesbaden: VS Verlag für Sozialwissenschaften.

Kaiser, Astrid (1994): Zur Interaktionsrelation von Jungen und Mädchen im Grundschulalter. In: Pädagogik und Schulalltag 49, Jg. 1994. Heft 4. S.558-567.

Kaiser, Astrid (2009): Geschlechtergerechte Schule – eine Chance für Mädchen (und Jungen). In: A. Henschel, R.Krüger, C. Schmitt, W.Stange (Hrsg.): Jugendhilfe und Schule. Handbuch für eine gelingende Kooperation. Wiesbaden: VS Verlag für Sozialwissenschaften, 2. Auflage.

Keller, Gustav (2008): Disziplinmanagement in der Schulklasse. Unterrichtsstörungen vorbeugen – Unterrichtsstörungen bewältigen. Bern: Verlag Hans Huber.

Kemna, Pierre W. (2012): Messung pädagogischer Basiskompetenzen von Lehrerinnen und Lehrern. Entwicklung von Testinstrumenten. Münster: Waxmann.

Kampshoff, Anita (2007): Geschlechterdifferenz und Schulleistung. Deutsche und englische Studien im Vergleich. Wiesbaden: VS Verlag für Sozialwissenschaften.

Koch-Priewe, Barbara/ Niederbacher, Arne/ Textor, Annette/ Zimmermann, Peter (2009): Jungen – Sorgenkinder oder Sieger? Ergebnisse einer quantitativen Studie. Wiesbaden: Vs Verlag für Sozialwissenschaften.

Kohlberg, Lawrence (1966): A Cognitive-Developmental Analysis of Children's Sex-role Concepts and Attitudes. In: E.Maccoby (Hrsg.): The Development of Sex Differences. Stanford: Stanford University Press. S.82-173.

Kuhn, Hans P. (2008): Geschlechterverhältnisse in der Schule: Sind die Jungen jetzt benachteiligt? Eine Sichtung empirischer Studien. In: B. Rendtorff, A. Prengel (Hrsg.): Jahrbuch Frauen- und Geschlechterforschung in der Erziehungswissenschaft. Kinder und ihr Geschlecht. Opladen: Verlag Barbara Budrich.

Kunert-Zier, Margitta (2005): Erziehung der Geschlechter. Entwicklungen, Konzepte und Genderkompetenz in sozialpädagogischen Feldern. Wiesbaden: VS Verlag für Sozialwissenschaften.

Kunert-Zier, Margitta (2011): Genderkompetenz. In: G. Ehlert, H. Funk, G. Stecklina (Hrsg.): Wörterbuch Soziale Arbeit und Geschlecht. Weinheim, München: Juventa. S.153-155.

LIPPA, Richard A. (2002): Gender, Nature, and Nurture. Mahwah, NJ: Lawrence Erlbaum Associates, Inc..

LOHAUS, Arnold/ VIERHAUS, Marc/ MAASS, Asja (2010): Entwicklungspsychologie des Kindes- und Jugendalters für Bachelor. Berlin/Heidelberg: Springer.

LOHMANN, Gert (2003): Mit Schülern klarkommen. Professioneller Umgang mit Unterrichtsstörungen und Disziplinkonflikten. Berlin: Cornelsen Skriptor.

MAND, Johannes (1995): Auf der Suche nach einem erfolgreichen Umgang mit Verhaltensproblemen: Eine Lehrerbefragung in Berlin. Berlin: Verlag für Empirische Forschung, Wissenschaft und Literatur.

MATZNER, Michael/ TISCHNER, Wolfgang (2012): Handbuch Jungen-Pädagogik. Weinheim und Basel: Beltz, 2. Auflage.

MAXIM, Stephanie (2009): Wissen und Geschlecht. Zur Problematik der Reifizierung der Zweigeschlechtlichkeit in der feministischen Schulkritik. Bielefeld: Transcript.

MEIER, Michael (2011): Die Praktiken des Schulerfolgs. In: K.U. Zaborowski, M. Meier, G.Breidenstein (Hrsg.): Leistungsbewertung und Unterricht. Ethnographische Studien zur Bewetungspraxis in Gymnasium und Sekundarschule. Wiesbaden: VS Verlag für Sozialwissenschaften. S.39-162.

MERTENS, Wolfgang (1994): Entwicklung der Psychosexualität und der Geschlechtsidentität. Geburt bis 4. Lebensjahr. Stuttgart: Kohlhammer.
MERZ, Ferdinand (1979): Geschlechterunterschiede und ihre Entwicklung. Ergebnisse und Theorien der Psychologie. Göttingen: Hogerefe.

METZ-GÖCKEL, Sigrid/ ROLOFF, Christine (2002): Genderkompetenz als Schlüsselqualifikation. In: Journal Hochschuldidaktik,13, 1. S.7-10.

MICHALEK, Ruth (2006): „Also wir Jungs sind...". Geschlechtervorstellungen von Grundschülern. Münster: Waxmann.

MIETZEL, Gerd (2002): Wege in die Entwicklungspsychologie: Kindheit und Jugend. Weinheim: Beltz.

NOLTING, Hans-Peter (2008): Störungen in der Schulklasse. Ein Leitfaden zur Vorbeugung und Konfliktlösung. Weinheim, Basel: Beltz, 7. Auflage.

PETERMANN, Franz (1999): Sozialtraining in der Schule. Weinheim: Beltz, 2. Auflage.

PETERSEN, Lars-Eric/ Six, Bernd (2008): Stereotype, Vorurteile und soziale Diskriminierung. Theorien, Befunde und Interventionen.Weinheim: Beltz.

PHOENIX, Ann/ FROSH, Stephen (2005): Hegemoniale Männlichkeit. Männlichkeitsvorstellungen und -ideale in der Adoleszenz. Londoner Schüler zum Thema Identität. In: King, Vera/Flaake, Karin (Hg.): Männliche Adoleszenz. Sozialisation und Bildungsprozesse zwischen Kindheit und Erwachsensein. Frankfurt a.M./New York, S. 19–36.

POWLISHTA, K.K/ SERBIN, L.A./ DOYLE, A./ WHITE, D.C. (1994): Gender, ethnic, and body type biases: The generality of prejudice in children. In: Developmental Psychology, Band 30, Nr. 4, S.526-536.

REINHARD, Hans (1977): Die Einstellungen zum Frauenstudium bei Studentinnen und Studenten. Replikation einer Befragung aus dem Jahr 1959. Köln: Universität zu Köln (unveröffentlichte Diplomarbeit).

REISS, Michael J. (2000): Gender issues in science lessons as revealed by a longitutinal study. Paper presented at the British Educational Research Association Annual Conference, Cardiff University, 7.-10. September 2000.

RENDTORFF, Barbara (2006): Erziehung und Geschlecht: Eine Einführung. Stuttgart: Kohlhammer.

ROSENKRANZ-FALLEGGER, Edith (2009): Gender-Kompetenz: Eine theoretische und begriffliche Eingrenzung. In: B. Liebig, E. Rosenkranz-Fallegger, U. Meyerhofer (Hrsg.): Handbuch Gender-Kompetenz. Ein Praxisleitfaden für (Fach-)Hochschulen. Zürich: vdf Hochschulverlag. S.29-48.

RYLE, Robyn (2011): Questioning Gender: A Sociological Exploration. New York: Sage.

SHELTON, Fiona (2008): Zu „cool" für die Schule? Warum erzielen unsere Jungen keine Erfolge? In: O. Holz (Hrsg): Jungenpädagogik und Jungenarbeit in Europa: Standortbestimmung - Trends – Untersuchungsergebnisse. Münster: Waxmann. S.135-146.

SINGER, Monika/ SPIEL, Christiane (1998): Erprobung eines Anti-Aggressionsprogramms an österreichischen Schulen – Erste Ergebnisse. In: J. Glück et al. (Hrsg): Perspektiven psychologischer Forschung in Österreich. Wien: WUV Universitätsverlag. S.223-226.

SKRYPNEK, Berna J./ SNYDER, Mark (1982): On the Self-perpetuating Nature of Stereotypes about Women and Men. In: Journal of Experimental Social Psychology,18, S.277-291.

SPENCER, S.J./ STEELE, C.M./ QUINN, D. (1999): Stereotype Threat and Women's Math Performance. In: Journal of Experimental Social Psychology, 35, S. 4-28.

STAATSINSTITUT FÜR SCHULPÄDAGOGIK UND BILDUNGSFORSCHUNG (Hrsg.) (1996): Typisch Junge? Typisch Mädchen? Jungen und Mädchen in Schule und Unterricht. München: Staatsinstitut für Schulpädagogik und Bildungsforschung.

STAUBER, Barbara (1999): Starke Mädchen – Kein Problem? In: Beiträge zur feministischen Theorie und Praxis. Köln, 22. Jg., Heft 51. S.53-64.

STRAKA, Gerald A./ Macke, Gerd (2006): Lern-Lehr-Theoretische Didaktik. Münster: Waxmann.

THIES, Wiltrud/ RÖHNER, Charlotte (2000): Erziehungsziel Geschlechterdemokratie. Interaktionsstudie über Reformansätze im Unterricht. Weinheim, München: Juventa.

TÜCKE, Manfred (2005): Psychologie in der Schule – Psychologie für die Schule. Eine themenzentrierte Einführung in die Pädagogische Psychologie für (zukünftige) Lehrer. Münster: LIT Verlag.

TRAUTMANN, Matthias/ WISCHER, Beate (2011): Heterogenität in der Schule. Eine kritische Einführung. Wiesbaden: VS Verlag für Sozialwissenschaften.

TRAUTNER, Hans M.(1979): Psychologische Theorien der Geschlechtsrollenentwicklung. In A. Degenhardt & H.-M. Trautner (Hrsg.), *Geschlechtstypisches Verhalten* (S. 50-84). München: C. H. Beck.

TRAUTNER, Hans M. (1992). The development of sex-typing in children: A longitudinal analysis. *German Journal of Psychology, 16* (3), 183-199.

TRAUTNER, Hans M. (2008):Entwicklung der Geschlechtsidentität. In: Rolf Oerter, Hrsg. Entwicklungspsychologie. Weinheim: Beltz.

TRAUTWEIN, Ulrich/ KÖLLER, Olaf/ BAUMERT, Jürgen (2004): Des einen Freud, der anderen Leid? Der Beitrag schulischen Problemverhaltens zur Selbstkonzeptentwicklung. In: Zeitschrift für Pädagogische Psychologie, Jg 18. S.15-29.

ULICH, Klaus (2001): Einführung in die Sozialpsychologie der Schule. Weinheim: Beltz.

VETTER, Heinz O. (1961): Zur Lage der Frau an den westdeutschen Hochschulen. In: Kölner Zeitschrift für Soziologie und Sozialpsychologie, 13. Jg. S.644-660.

WEST, Candace/ ZIMMERMAN, Don H. (1987): Doing Gender. In: Gender & Society. Official publication of sociologists for women in society, Jg. 1. S.125-151.

WIPPERMANN, Katja/ WIPPERMANN, Carsten/ KIRCHNER, Andreas (2013): Eltern – Lehrer – Schulerfolg. Wahrnehmungen und Erfahrungen im Schulalltag von Eltern und Lehrern. Eine sozialwissenschaftliche Untersuchung der katholischen Stiftungsfachhochschule Benediktbeuern für die Konrad-Adenauer-Stiftung e.V. und das Bundesministerium für Familie, Senioren, Frauen und Jugend. Stuttgart: Lucius.

WILLIAMS, J. E./ BEST, D. L. (1990). Sex and psyche: Gender and self viewed cross-culturally. Newbury Park, CA: Sage.

WINKEL, Rainer (2005): Der gestörte Unterricht. Diagnostische und therapeutische Möglichkeiten. Baltmannsweiler: Schneider-Verlag Hohengehren, 8. Auflage.

ZIMMERMANN, Peter (2003): Grundwissen Sozialisation. Einführung zur Sozialisation im Kindes- und Jugendalter. Wiesbaden: VS Verlag für Erziehungswissenschaften, 2. Auflage.

Internetquellen

2012 LEGO Friends Commercial/Werbung
URL:http://www.youtube.com/watch?v=L1FMfpJJSFc

Budde, Jürgen/ Willems, Katharina (2006): Mädchen und Jungen in der Schule – spielt das Geschlecht (k)eine Rolle?
URL:http://faecher.lernnetz.de/links/materials/1143472364.pdf
(Stand: 02.01.2014)

Bundesministerium für Familie, Senioren, Frauen und Jugend (2005): Gender-Datenreport. 1. Datenreport zur Gleichstellung von Frauen und Männern in der Bundesrepublik Deutschland.
URL:http://www.bmfsfj.de/doku/Publikationen/genderreport/01-Redaktion/PDF-Anlagen/gesamtdokument%2cproperty%3dpdf%2cbereich%3dgenderreport%2csprache%3dde%2crwb%3dtrue.pdf (Stand: 03.01.2014)

Deutsche Kinder und Jugendstiftung (o.J.): Junge Junge – Bildung macht den Unterschied!
URL:http://www.dkjs.de/unsere-arbeit/kita-und-schulegestalten/junge-junge.html
(Stand: 02.01.2014)

Eberhard, Daniel M. (2010): Ursachen von Unterrichtsstörungen im Fach Musik aus Sicht der Beteiligten und Entwurf eines Diagnosebogens zur Metakommunikation im Musikunterricht der Bayerischen Realschule. Dissertation.
URL:http://opus.bibliothek.uni-augsburg.de/opus4/frontdoor/index/index/docId/1430
(Stand. 02.01.2014)

Faulstich-Wieland, Hannelore (2005): Spielt das Geschlecht (k)eine Rolle im Schulalltag? Plädoyer für eine Entdramatisierung von Geschlecht. Vortrag in der Reihe Gender Lectures an der Humboldt-Universität Berlin am 11.7.05
URL:http://www.genderkompetenz.info/veranstaltungs_publikations_und_news_archiv/genderlectures/faulstichwieland_manuskript_genderlecture.pdf (Stand: 03.01.2014)

GenderkompetenzZentrum (o.J.): Genderkompetenz & Queerversity
URL:http://www.genderkompetenzzentrum.de/konzept.html (Stand: 03.01.2014)

Gesetze zur Homosexualität
URL:http://de.wikipedia.org/wiki/Gesetze_zur_Homosexualit%C3%A4t
(Stand. 02.01.2014)

Götz, Maya (2002): Genderreflektierende Medienpädagogik.
URL:http://www.maya-goetz.de/gender.pdf (Stand: 02.01.2014)

(a) Internationales Zentralinstitut für das Jugend- und Bildungsfernsehen (IZI): Children's Television Worldwide: Gender Representation in Germany.
URL:http://www.prixjeunesse.de/childrens_tv_worldwide/studies/CTV_WW_10_Germany_IZI_PJ_2008.pdf (Stand: 02.01.2014)

(b) INTERNATIONALES ZENTRALINSTITUT FÜR DAS JUGEND- UND BILDUNGSFERNSEHEN (IZI): Zusammenfassung Tendenzen deutsches Kinderfernsehen im internationalen Vergleich URL:http://www.br-online.de/jugend/izi/deutsch/forschung/MJTV2_ZusTendenzen.pdf (Stand:02.01.2014)

KASTEN, Hartmut (1995): Einfluß der Familie auf die Geschlechtsrollenverteilung. Bamberg: Staatsinstitut für Familienforschung an der Universität Bamberg (ifb). URL:http://www.ifb.bayern.de/imperia/md/content/stmas/ifb/materialien/mat_1995_4.pdf (Stand: 02.01.2014)

STATISTISCHES BUNDESAMT (2012): Frauen und Männer auf dem Arbeitsmarkt. Deutschland und Europa. Wiesbaden.
URL: https://www.destatis.de/DE/Publikationen/Thematisch/Arbeitsmarkt/Erwerbstaetige/BroeschuereFrauenMaennerArbeitsmarkt0010018129004.pdf?__blob=publicationFile (Stand: 02.01.2014)

STEELE, Claude M. (1997): A Threat in the Air. How Stereotypes shape Intellectual Identity and Performance. In: America Psychologist 52, 6. S.613-628. URL:http://users.nber.org/~sewp/events/2005.01.14/Bios+Links/Krieger-rec5-Steele_Threat-in-the-Air.pdf (Stand: 03.01.2014)

STEINKIRCHNER, Peter (2013): Lego meldet Rekordumsatz und punktet bei Mädchen. In: Wirtschafts Woche.
URL:http://www.wiwo.de/unternehmen/handel/spielwaren-lego-meldet-rekordumsatz-und-punktet-bei-maedchen/7818786.html (Stand: 02.01.2014)

STUDIENSEMINAR KOBLENZ: Briefchen schreiben.
URL:http://www.zweigstelle.studienseminar-koblenz.de/medien/pflichtmodule_unterlagen/2014/562/03%20Beispiele%20Unterrichtsst%F6rungen.pdf (Stand: 02.01.2014)

Tabellenverzeichnis

Tabelle 1: Beispiele aus dem Geschlechtsrolleninventar..................................24
Tabelle 2: Typen und Erscheinungsformen von Unterrichtsstörungen 31

BEI GRIN MACHT SICH IHR WISSEN BEZAHLT

- Wir veröffentlichen Ihre Hausarbeit, Bachelor- und Masterarbeit
- Ihr eigenes eBook und Buch - weltweit in allen wichtigen Shops
- Verdienen Sie an jedem Verkauf

Jetzt bei www.GRIN.com hochladen und kostenlos publizieren